HISTOIRE

DES

SEIGNEURS & CHATELAINS

DE

VILLERS-HÉLON

RECUEILLIE & ASSEMBLÉE

Par M. de C...

SOISSONS
IMPRIMERIE-LIBRAIRIE G. NOUGARÈDE
PLACE SAINT-GERVAIS ET RUE DE L'HOTEL-DIEU
—
1907

HISTOIRE
DES
SEIGNEURS & CHATELAINS
DE
VILLERS-HÉLON

HISTOIRE

DES

SEIGNEURS & CHATELAINS

DE

VILLERS-HÉLON

RECUEILLIE & ASSEMBLÉE

Par M. de C...

SOISSONS
IMPRIMERIE-LIBRAIRIE G. NOUGARÈDE
PLACE SAINT-GERVAIS ET RUE DE L'HOTEL-DIEU

1907

AVANT-PROPOS

Les nombreuses Archives du château de Villers-Hélon qu'on voit reparaître à toutes les ventes du domaine, ont disparu à une époque récente (1).

Pour les reconstituer, il a fallu recourir aux Archives publiques et privées.

Au XIIe et XIIIe siècles, les divers seigneurs de Villers-Hélon se retrouvent dans leurs actes de donation ou de vente, aux églises ou abbayes voisines et surtout à l'abbaye de Longpont.

Au XIVe siècle, les renseignements qui les concernent se raréfient, ils ne reviennent qu'au XVe siècle. A partir du XVIe jusqu'à la fin du XVIIIe siècle, ils laissent peu à désirer.

Sous le règne féodal, le territoire de Villers-Hélon comprenait un certain nombre de fiefs, par suite de seigneurs relevant eux-mêmes de suzerains différents.

Dès la fin du XVIe siècle, il ne restait que trois fiefs mouvant de trois suzerains particuliers.

(1) Cette même absence de documents ne permet pas de parler des habitants de Villers-Hélon, les pièces de l'état-civil aux Archives de la commune ne commencent qu'au xviie siècle et elles ne sont pas complètes.

Ce n'est qu'au XVIIe siècle qu'il n'y a plus qu'un seul seigneur qui continue à relever des trois suzerains primitifs.

La plupart des seigneurs et après eux, des châtelains de Villers-Hélon ont été remarquables à plus d'un titre, ils représentent d'une façon brillante l'esprit et les mœurs du temps où ils vivaient.

HISTOIRE

DES

SEIGNEURS & DES CHATELAINS

DE VILLERS-HÉLON

SEIGNEURS DE VILLERS-HÉLON

XIIe XIIIe et XIVe Siècles

Le premier seigneur est Hélon de Villers. Il fonde le village et la paroisse, bâtit sous le vocable de St-Martin, l'église encore existante (1), attire des habitants et règle les conditions de leurs demeures autour de l'église (2) et de la source abondante qui coule à ses pieds.

<small>Hélon de Villers 1135 à 1165.</small>

(1) L'église fut agrandie au xve siècle.
(2) Le chemin existant sous le nom de tour de ville ou chemin de la vicomté, montre encore une des limites primitives du village,

Aussi, ce fut par reconnaissance, plus encore que pour se distinguer des autres Villers du Soissonnais que le village prit le nom de son fondateur.

Dès le xiiie siècle on le dénomme Villers-Hélon, Villers Monseigneur Hélon, *Villaribus domini Helonis* 1263. Le titre de Monseigneur indique qu'Hélon était chevalier. Il avait dû gagner ses éperons d'or à la première croisade en accompagnant les seigneurs de Pierrefonds, Nivelon II et Hugues Ier, Evêque de Soissons.

Il rendit foi et hommage au châtelain de Pierrefonds. Dans la suite des temps, quand la famille qui possédait cette châtellenie fut éteinte et que son domaine passa au roi de France (1), la principale seigneurie de Villers-Hélon continua à relever du château de Pierrefonds, et à faire partie du duché de Valois avec le titre de vicomté.

Monseigneur Hélon avait pour femme Hélvīde et pour enfants, Adam et Barthelémy.

D'autres de ses parents de son nom avaient des fiefs, terres, bois et maisons à Villers et sur son terroir, leurs noms se mêlent aux descendants directs d'Hélon.

Il mourut en 1165.

Dans le cours de sa vie, il avait pris part aux actes suivants qui indiquent la situation considérable qu'il s'était faite dans la contrée.

Lors de la fondation de Saint-Crépin-en-Chaye à Soissons après 1135, Hélon et Hélvīde, sa femme, avaient renoncé en présence de Josselin de Vierzy, évêque de Soissons, à leurs droits seigneuriaux sur

---

(1) Ce fut comme possesseur de Pierrefonds que Saint-Louis affranchit ses hommes, habitant Villers-Hélon.

un domaine situé à Pasly et que son possesseur nommé Jacques, donnait pour la sustention des chanoines devant occuper cette abbaye (1).

Sur une charte de donation de Renaud le Lepreux, comte de Soissons, à l'abbaye St-Yved-de-Braine, datée de 1141, figure la signature d'Hélon de Villers, en même temps que celles de Girard de Cherizy, de Pierre de Braine, d'Adam de Courlandon et de Jacques de Ribemont (2). — Hélon de Villers, Le Prévot Raoul, l'Archidiacre Jean Guy, châtelain de Coucy, Albéric, chevalier d'Oulchy, Gilbert de la Ferté Milon, étaient présents à titre de témoins, lors de la vente que les deux frères Renaud et Vermond, chevalier de Louâtre, effectuaient aux religieux de Longpont, des terres défrichées par eux et dont ils leur avaient déjà abandonné la moitié. Renaud et Vermond cédaient aux instances de l'Evêque de Soissons, d'Yves de Nesles et d'Albéric d'Oulchy, de sa femme et de ses enfants, qui voulaient assurer le repos de l'âme de Gauthier de Montmirail blessé à mort par Barthelémy, fils d'Albéric d'Oulchy.

Son corps déposé près des degrés de l'autel de l'église de Longpont avait été enterré sous les dalles funéraires.

Renaud et Vermond tenaient en fief du même Albéric, la moitié du village de Louâtre (3).

---

(1) Annales du Diocèse de Soissons, ab. Pecheur, 2 v., p. 374.

(2) Annales du Diocèse de Soissons, ab. Pecheur, 2 v., p. 427.

(3) Annales du Diocèse de Soissons, ab. Pecheur, 2 v., p. 506.

En 1157, les moines de Citeaux, qui d'après leur règle ne pouvaient conserver longtemps des revenus, vendirent au monastère de St-Médard, du consentement du Comte Yves de Nesles, les 60 sous de rente qui leur avaient été donnés par Renaud, comte de Soissons.

Le Comte Yves qui les assit sur six fiefs que l'abbaye devait au Comte de Soissons à titre de droit de relief prit comme témoins, Hélon de Villers avec l'archevêque de Reims Samson, Aucoul, évêque de Soissons, Guy d'Aconin, Héblon de Vauxbuin, sénéchal, Guy de Galardon, mayeur de Soissons, etc., etc (1).

Josselin ou Gosselin de Villers-Hélon 1181. En 1181, Josselin ou Gosselin de Villers, sa femme est Hersende, il a une fille qui se marie à Milon Balène, seigneur de Lesges, Robert et Jean sont ses fils et figurent avec leur père en 1154 et 1185 dans des chartes de donation au monastère de St-Yved-de-Braine. A la même date de 1181, Nivelon, évêque de Soissons, notifie que Gosselin de Villers avec l'assentiment d'Hersende, sa femme, de Gilles son frère et d'Hugues, fils de Gilles a donné à l'abbaye de Longpont, tout le bois de Moloy, afin de le défricher et de le cultiver, moyennant un terrage d'un muid de froment et d'un demi-muid d'avoine pour chaque muidée de terre. Nicolas de Bazoches de qui dépend cette terre, approuve la donation. S'en portent garants : Hugues, prévôt de l'église Saint Gervais de Soissons, Hugues, frère d'Hersende, Aubry Godel, Robert Balène et Renaud Cuissard.

(1) Ann. du d. de S., 2 v., p. 488.

Les témoins sont : Roger de Verberie, Barthelémy de Villers et Drogon de Bucy (1).

En 1193, le même Nivelon, évêque de Soissons, fait savoir que Milon Balène de Villers et son épouse Aélide, fille de Josselin de Villers ont fait remise à l'abbaye de Longpont d'une partie de la redevance de grains qu'elle lui devait sur les terres de Moloy, jadis boisées, actuellement défrichées qui lui avaient été accordées par Josselin de Villers (2).

Adam ou Adon, chevalier de Villers Hélon, fils d'Hélon et frère de Barthélemy.

<small>Adam, chevalier de Villers - Hélon 1186-1220.</small>

Sa femme est Erméniarde.

Ses fils Huart et Jacques.

Les deux frères Adam et Barthélemy, en 1165, avaient donné aux religieux de Longpont, le cours de la Savière sur leurs terres jusqu'à leur moulin du Vivier (3).

Pierre, premier chevalier et avoué de Ressons en est témoin dans une charte de Hugues de Champfleury, évêque de Soissons.

Barthélemy devint chanoine et chantre de l'Eglise Saint-Gervais de Soissons.

En 1186, les religieux de Longpont concédèrent à Adam de Villers, que, dans le nouveau Vivier au-dessus de la Grange, ils retiendraient l'eau de telle sorte quelle puisse se répandre sur la terre d'Adam afin que lui et ses héritiers puissent y pêcher. Toutefois les religieux devaient maintenir l'eau de telle manière que la chaussée du Vivier put en supporter

---

(1) Archives Nationales, carton, L. 1004, n° 14.
(2) B N., Man. Gaignières, 5470, layette Moloy.
(3) A. d., d. de S., 2 v., p. 512.

le poids, et que le moulin de Villers, celui de Vaux et autres possessions n'en éprouvent aucun dommage (1).

Adam prit part à la troisième croisade avec Philippe-Auguste (2). En 1190, Nivelon de Pierrefonds, évêque de Soissons, avec Barthélemy de Villers, bailli ou garde des biens d'Adam de Villers, alors à la croisade (*apud Hiérosoliman tunc militantem*) approuve l'achat fait par St-Léger de Soissons de la huitième partie du moulin de Chevruel (Chevreux) qui se trouvait dans la censive et justice d'Adam.

Ce seigneur figure encore dans les chartes suivantes de dons faits à diverses églises et abbayes.

En 1214, Haymard, évêque de Soissons, notifie que Gerbert de Villers et Hersende, sa femme, du consentement de Renier, frère de Gerbert ont donné à l'abbaye de Longpont en aumône, environ 32 essins de terre sur le territoire de Villers. Jean de Villers et Agnès, son épouse, Roger le Sauvage, chevalier, et Adam de Villers ont loué ce don (3).

En 1216, le même Haymard fait savoir qu'Adam de Villers et Ermeniarde, sa femme, ont donné à l'église de Longpont, les pâturages et aisances de Villers-Hélon (4).

En 1218, Haymard expédie de la maison épiscopale de Septmonts, une charte par laquelle la dame Hélvide, veuve du chevalier de Montgobert, pour sa nécessité très urgente, vendait à l'abbaye de Pré-

---

(1) Gaignières, layette de la Grange, p. 71.
(2 Cartulaire de St-Léger, f° 53.
(3) B. N., Gaignières, layette, v. H.
(4) Archives Nationales, L. 1004, 1123.

montré, une rente de blé qu'elle lui devait sur sa maison de Vandrepriers (Valpriez). Hélvïde se dévêtit entre les mains d'Hugues, son frère, de ce blé qui mouvait de lui. Hugues s'en dévêtit entre les mains d'Adam de Villers dont il était l'homme à cause de ce blé et Adam enfin s'en dévêtit entre les mains de l'official de Soissons qui en investit Prémontré, lequel en investit Engebrand, procureur de l'abbaye (1).

En 1220, Jacques, évêque de Soissons, notifie que Milon de Bruil (Breuil), chevalier, a accordé à l'église de Longpont, 24 essins de terre sur son territoire de Villers-Hélon ; ont également concédé ce don : sa femme Aélide, ainsi que Henri, clerc, Gobin et Robin, leurs fils, Roger le Sauvage et Villiaume de Joigne (2), neveu de Milon et Adam de Villers ont également accordé ladite terre (3).

En octobre 1247, il y eut un accord entre Ermeniarde, Huet et Jacques ses fils, Milet, écuyer de Villers, héritier de Hélon, seigneur de Villers, et l'Hôtel-Dieu de Soissons, pour la possession de

(1) Cartulaire Prémontré A. du D. de S. 3ᵉ vol. 164.

(2) M. Gaignières, fᵒ 103.

(3) Dans l'obituaire de St-Jean-des-Vignes au huitième jour des ides d'avril, figure le trépas d'Ermangarde de Jouaigne qui laisse à l'abbaye 4 setiers de froment sur les terrages de Villers-Hélon pour faire son anniversaire et un essin pour le chauffage du monastère d'Arcy donné par son fils Josselin et que doit le chevalier de Bruil. On voit en 1210. Gaucher ou Guillaume de Jouaigne, neveu de Milon de Bruil (Melleville, dict de l'Aisne). Il existe dans l'obituaire la commémoration d'un certain nombre de chevaliers et personnages du nom de Villers sans qu'il soit possible de les rattacher aux seigneurs de Villers-Hélon.

deux prés dont ses héritiers cherchaient à s'emparer, l'un à Coupaville et l'autre sous Pasly, sous prétexte qu'il étaient dans leur censive.

Hoyau, Ecolâtre de Soissons et Gilles de Maas, chevalier, arbitres, décidèrent que cette possession resterait à l'Hôtel-Dieu ; Milet recevrait 8 livres de monnaie forte, sa femme 20 sous parisis pour acheter un joyau.

Ermeniarde et ses enfants auraient 40 sous de monnaie forte.

Jean de Villers 1214.

Jean, Chevalier de Villers (fils de Roger de Villers), sa femme est Agnès. Enfants: Milon, Pierre, Jean et Foucard.

En 1214, Jean, chevalier de Villers et Agnès, sa femme, vendent, pardevant Haymard, évêque de Soissons à l'abbaye de Longpont, le terrage de 10 essins de terre que la dite église avait sur le territoire de Parrecy (1).

En 1216, pardevant le même évêque, ils accordent aux frères de Longpont les pâtures et aisances qu'ils avaient à Villers (2).

En mai 1226, le vénérable Chanoine Raoul de Cramaille, chantre de St-Gervais, achète à Pierre, chevalier de Cramaille et à Aclide, sa femme, un pré sous Pasly moyennant 40 livres nerets avec l'obligation pour eux d'acquérir les droits que Robert, chevalier de Noveroi (Nauroy) en expédition contre les Albigeois, possédait en ce pré. Dans le mois du retour, Barthélemy d'Ancienneville, Jean et Adam de Villers garantissent la vente (3).

(1) Arch. Hospit. de Soissons, l. 166.
(2) Man. Gaignières, L. V.
(3) A. H., Soissons, L. 136.

En 1228, Jean de Villers, avec l'assentiment d'Agnès, sa femme, et de Milon, son fils, abandonne à l'abbaye de Longpont en toute propriété, tout ce qu'elle tenait de lui à Villers-Hélon.

Le nom de Jean de Villers figure parmi les seigneurs français qui sont allés à la 6ᵉ Croisade (1), en même temps que Robert et Renard d'Ancienneville et Jean de Margival.

En 1238-39, dans une charte de donation de 13 essins de terre, faite par le clerc Renard, sur le territoire de Villers Monseigneur Hélon, il est parlé des terres tenues par les enfants de Monseigneur Jean, chevalier. Il aurait gagné ses éperons d'or à la Croisade (2).

Raoul de Cœuvres, 1239-1251.

En juillet 1239, dans une charte datée de Cavaillon, Raoul de Cœuvres devant partir pour la 6ᵉ croisade, donne à Dieu et au monastère de Longpont pour le remède de son âme, en perpétuelle aumône, 3 muids d'avoine à prendre sur son revenu de Villers-Hélon.

Ils lui étaient dus pour l'avouerie de Chacrise (3).

Raoul de Cœuvres était le frère puiné de Jean II, comte de Soissons.

Il fit trois voyages en Terre Sainte et s'y rendit célèbre par sa bravoure et ses chansons.

Dans le premier, il avait épousé la reine de Chypre Alice, qu'il dut délaisser ; plus tard, il épousa la comtesse de Hangest dont il n'eut qu'une fille, Yolande, qui porta Cœuvres et ses autres biens à la maison de Moreuil.

(1) Charte de Math. de Montmorency.
(2) B. N., Picardie, sup. a. d. Grenier, M. 289.
(3) M. Gaignières, L. de V.

Elle épousa Bernard, seigneur de Moreuil, qui prit depuis le nom de Soissons.

Une charte de Damiette de 1280 y signale la présence de Raoul de Villers-Hélon, soit qu'il s'agisse de Raoul de Cœuvres lui-même ou d'un des seigneurs de Villers-Hélon, qui l'accompagnait (1).

Raoul de Cœuvres se recroisait avec St-Louis en 1248 ainsi que son frère le comte de Soissons.

Il appartenait à l'Hôtel du Roi pendant le voyage et fut fait prisonnier à la bataille de Mansourah. Rentré en France en 1254, il se croisa de nouveau avec son frère et St-Louis pour la 8e croisade en 1254 et mourut l'année suivante à Carthagène.

En 1317, Bernard, Sr de Moreuil, après avoir vu les lettres scellées de son très cher aïeul Mgr Raoul de Soissons, confirma son don aux frères de Longpont « qu'ils prennent sans payer ni contribuer aux frais que nous avons fait au Grenier et qu'ils fassent venir la dite avoine. » (2)

En 1499, un autre de ses successeurs et héritiers, Jean de Villers-Hélon, vicomte de Soissons, de Dammard et de Cœuvres, ratifie encore la donation des 3 muids d'avoine à prendre sur les habitants de Villers-Hélon.

Jean avait pour femme Marguerite de Soissons ; il est inhumé avec elle dans l'église de Cœuvres (3).

---

(1) Roger Noblesse aux Croisades.
Les armes de Raoul de Cœuvres sont : Burelé d'argent et d'azur de 10 pièces à la cotice de gueule brochant sur le tout surmonté d'un lambel de gueule. De Hangest, d'argent à la croix de gueule chargée de 5 coquilles d'or.
(2) M. Gaignières, l.-de V. H.
(3) Bulletin de la Société Arch. de Soiss., т IX, p. 203.

Gérard, chevalier de Villers-Hélon dont la femme est Elisabeth.

Gérard, chevalier de Villers-Hélon, 1242.

En janvier 1242, Jean, Cte de Soissons, approuve et confirme la vente faite par Gérard de Villers, chevalier, et Elisabeth, sa femme, à l'abbaye de Longpont d'environ 32 essins de terre, situés au Mont de Berzy (Berzy-le-Sec), lesquels provenaient de l'héritage de la dite Elisabeth (1).

Gilles dit Corrette de la Fou et également Corrette de Villers Monseigneur Hélon.

Gilles dit Corrette de la Fou, 1266.

Sa femme Agnès est la fille du chevalier Roger le Sauvage ; leurs fils sont : Milon, Jean.

Sur son sceau rond, on lit : S. Corrette de Fou, escuier ; l'écu porte une fleur de lys accompagnée de 5 étoiles.

Celui de sa femme, également rond : S. Annes la Sauvagère, porte un lion passant surmonté d'un lambel (2) à 5 branches et une étoile en pointe de l'Ecu.

En 1266, ils vendaient à l'église de Longpont pour 107 l. 5 s. 36 essins du bois de Moloy, venus en héritage d'Agnès et situés vers Blanzy, entre le bois de Mgr Gille de Ripelonges, chevalier et le bois de Foucart de Villers, escuier.

La même année, la vente est confirmée par Gobel de la Chapelle, escuyer, qui se fait fort de la faire approuver par Jean, le fils qu'Agnès a eu de son premier mari, Jacquemont de Villers-le-Hélon.

En 1277, ils revendent à l'abbé et couvent de

---

(1) A. N. Cart. L. 104 n° 43.
(2) M. Gaiguières.

Longpont 8 essins de terre arable au terroir de Moloy tenu en fief de Mgr Jean de Guny (1).

En avril 1280, demoiselle Agnès de Villers-le-Hélon et Jehan, son fils, octroyent l'échange que Guillaume (Gille) de Villers a fait à l'église de Longpont.

Huart, chevalier de Villers-le-Helon, 1260.

Huart, chevalier de Villers le Hélon, sa femme est Helvide, sœur de Raoul de Vierzy.

Ses enfants : 1° Raoul, dont la femme est Jeanne de Trie le Port.

2° Marie qui, en 1270, est femme de Roger de Vieuxlaine (Violaine) et en deuxièmes noces de Robert de Courcelles, fils de Mgr Nicole de Courcelles et de demoiselle Sébille de Bruil, fille de Mgr Gobert de Bruil.

En 1268, Huart et sa femme sont témoins d'une vente de terre que Raoul de Vierzy fait à l'abbaye de Longpont (2). Un autre témoin est Albéric de Vierzy, écuyer, qui était parti pour les Pouilles, en 1365, et dont le père, Gérard de Vierzy, s'était croisé en 1248.

En août 1277, Huart et Helvide confirment (3) la vente et l'amortissement que Messire Raoul de Vierzy, chevalier et Madame Catherine, sa femme, ont fait à l'église de Longpont de tous les cens, surcens et redevances que la dite église devait à Raoul et à Catherine, au terroir de Villers en toute sa Seigneurie.

Sur le sceau rond d'Huart, on voit : S. Huars de Villers, escuier, l'écu est croisé.

---

(1) B. N. Gaignières, L. Moloy.
(2) B. N. Supplément à D. Grenier M. 289.
(3) ad. L. V. H.

Celui d'Helvide, rond aussi : S. damoiselle de Vilers, porte une fleur de lys.

Sur celui de Marie, qui est ogival : S. damoiselle Marie de Vilers, l'écu est croisé et surmonté d'un lambel à 5 branches.

Milon de Villers, 1268.

Milon, chevalier de Villers, sa femme ne nous est pas connue. Il a une fille, Marguerite, épouse de Raoul de Vézilly.

En 1248, il eut des difficultés ainsi que ses frères Pierre, Jean et Foucard avec les religieux de Longpont, qui réclamaient des pâturages que l'abbaye avait acquis de feu Milon de Breuil, chevalier et de Madame Aelis, sa femme.

L'Official de Soissons constate que l'accord était revenu.

En 1280, Milon était mort, car à cette date, Raoul de Vézilly, écuier et Marguerite, fille jadis de Mgr Milon de Villers, chevalier, louent et confirment la vente, que Messire Jean de Truigny, chevalier, avait faite à l'abbaye de Longpont, de 18 arpens de terre en son héritage du bois de Moloy, mouvant de leur fief.

Sur le sceau rond de Raoul de Vézilly : S. Raoul de Vezeli écuier, l'écu au lambel à 5 branches, porte un chevron chargé de 3 coquilles.

Sur celui de Marguerite, rond : S. Damoiselle Marguerite de Veselli, l'écu est partie Vézilly, partie Vierzy, un dextrochère à manche pendante (1).

(1) M, Gaignères, L. V. H.
En 1275, Colard de Pommiers, écuyer et demoiselle Bourrée, sa femme, donnaient une terre à l'abbaye de Saint-Jean-des-Vignes, située à Villers-Hélon, *in territorio Villaribus domini Helonis*, qui faisait partie de la grange de Violaine,

Jean de Villers-Hélon dit du Moustier, 1280.

Jean de Villers Hélon, dit du Moustier (1), écuyer, fils de Gilles Corrette de la Fou et d'Agnès, il eut pour femme Jeanne.

En mai 1280, ils donnent à l'abbé du couvent de Longpont des essins de terre pour les biens et courtoisie reçus en leur église (2).

La même année, en mars, le curé de Villers-Hélon, Alerme, doyen de la chrétienté d'Oulchy-le-Château, aidé des Marguilliers Walter Celier et Gérard dit Houlou, avait réclamé à l'abbaye de St-Jean-des-Vignes un denier de cens qu'il avait sur la maison d'Aveline la Noire, veuve de Gaidon et il avait obtenu de la lui vendre 40 sous nerets pour être employés à l'œuvre de l'église. Alerme, qui avait encore sur la même maison un revenu annuel 6 sous nérets, une poule, un denier neret ou cinq œufs et en plus trois pichets de blé sur le clos de l'abbaye, le tout destiné à son presbytère, ne pouvant faire la dépense de l'amortissement, les vendait à St-Jean pour 10 sous nerets, afin d'être employés au payement d'une grange en construction dans le pourpris du presbytère (3).

En 1282, Renard d'Ancienneville et Renaud son

---

(1) Le surnom de du Moustier que porte Jean de Villers, semble indiquer qu'il avait construit le presbytère à 2 tourelles placé à côté de l'église de Villers Hélon et qui existe encore en partie.

(2) G. L. V. H.

(3) Cartulaire de St-Jean des Vignes, Violaine Ms de Soissons Le curé Alerme se montra reconnaissant envers St-Jean des Vignes, car il lui laissa à sa mort 40 livres pour faire son anniversaire, il est inscrit à l'obituaire de l'abbaye à la date de la 13e calende de décembre (19 novembre).

cousin, fils de Guiart d'Ancienneville, octroyent et amortissent les terres, cens, bois, que Jean dit dou Moustier de Villers-Hélon, ainsi que demoiselle Jeanne, sa femme, avaient vendu à l'abbaye de Longpont aux terres dites des Vicomtes, entre Moloy au-dessous Blanzy, au terroir de Villers (1).

En 1283, Jean, chevalier, seigneur de Guny, époux de Marie de Connegie, veuve en premières noces de Gilles de Ripelonges, chevalier, agrée et octroye le don que sa femme a fait à l'abbaye de Longpont d'un bois dit de Moloy, provenant de son héritage au terroir de Villers-le-Hélon entre Blanzy et le moulin de Contres.

Jean, dit du Moustier de Vilers, escuier en est dit le premier seigneur, Jean de Guny, le deuxième et Monseigneur Hervil (Hervé), seigneur de Muret, chevalier, le troisième (2).

En 1285, Jean du Moustier, fils d'Agnès de Villers-Hélon, donne à l'abbaye de Longpont, le terrage d'un arpent de terre, sis à Moloy, appartenant à Alice la Brique, de Blanzy et à ses enfants.

Ce dit Jean en investit l'abbaye (3).

En 1294, Jean et sa femme donnent à l'abbaye de St-Jean-des-Vignes, trois essins de terre sis sur le territoire de Violaine, près de la chapelle de Saint-Quentin, en pure aumône et en récompense des biens et des bénéfices qu'ils disaient avoir reçus de l'abbaye de St-Jean (4).

Le sceau rond de Jean du Moustier, porte S. Jehan de Vilers, escuyer, l'écu est croisé, celui de sa femme

(1) G. L. Moloy.
(2) Id.
(3) A. N. C. L. 1001, n° 73.
(4) Cart. de St-Jean des Vignes. Violaine. M. Soissons.

ogival, S. Jehanne de Vilers, porte une dame tenant un faucon au poing.

Jean et Jeanne sont les derniers seigneurs connus de Villers-Hélon du nom de Vilers.

En 1315, un curé de Nully (Neuilly), du nom de Vilers, donne à l'hôpital St-Gervais à Soissons en pieuse et irrévocable aumône une pièce de terre labourable, contenant 5 essins de terre au terroir de Villers-Hélon au lieu dit les Cultures (1).

En 1316, trois personnages, les frères Pierre, Colin dit Toussaint, et Petronille de Villers-Hélon, vinrent près de l'entrée du cloître de Longpont ou de la chapelle du sépulcre, se consacrer en l'honneur de la Ste Vierge, corps et tête, eux et leur postérité, leurs biens, meubles et immeubles (2).

A partir de ces dates, on ne retrouve de Villers descendants d'Hélon.

D'autres familles qui leur sont alliées les ont remplacés.

En 1314, Philippe, fils de feu Henri d'Armentières Sr de Bruil, confirme le legs fait à l'église de Longpont, de six essins de blé à Villers-le-Hélon que Monseigneur Robert, chevalier, avait fait en son vivant et qui lui appartenaient à présent (3).

Une charte curieuse du 29 mai 1316, à propos de la vente d'un pré à l'abbaye de Longpont et émanant de Gobert de Courcelles, le deuxième époux de Marie de Villers-Hélon énumère la filiation des différents membres de la famille d'Huart de Villers pour mieux établir leur parenté avec elle (4).

« Je Gobert de Courcelles, écuyer, fieux jadis à

(1) Arch. Hôpital de Soissons R. 301.
(2) A. D. D. de S. IVe V. p. 190.
(3, 4) B. N. M. t. 5470, cop. Gaignières, L. V. H.

Mons Nicolle de Courcelles, chevalier, et à demoiselle de Bruil, fille à Mons Gobert de Bruil, mon ayeul, et je, demoiselle, Marie de Villers-le-Hélon, fille jadis de Huars de Villers, escuyer qui fut fieux à Mons Adam de Villers-le-Hélon, mon ayeul, nous avons vendu à l'église de Longpont une pièce de pré au terroir de Villers au-dessus du clos de la huterie de Longpont tenant aux prés de demoiselle Jeanne de Trye-le-Port, femme jadis à Raoul de Villers, escuyer, tenu en douaire pour 34 livres et était le dit pré de l'héritage de Moi Marie devant dite, par la succession de Raoul de Villers, jadis mon frère, leur amortissons le tout et voulons amortir comme Pierre de Armentières, sire de Bruil, escuyer et demoiselle Marguerite de Confavreux, sa femme tenant de nous en fief, ont fait ».

En 1316, Hue de Chatillon, vidame de Châlons, sire de Bazoches, chevalier, amortit toutes les possessions de l'abbé du couvent de Longpont, situées dans ses fiefs et arrière-fiefs en la ville de Villers-le-Hélon (1).

L'état des fiefs de l'évêché de Soissons au XIVe siècle donne les indications suivantes (2) :

En 1362, Jean de Faverolles, tient en fief à Villers-Hélon un muid de grain, tenu en arrière-fief par Jean de Vierzy, de Jacques de Vaux

En 1373, Robert de Clermont tient 30 livrées de terre à Villers-Hélon en fief du vidame de Châlons, pour raison du château de Bazoches et en arrière-fief de l'évêque de Soissons.

Dans les mêmes conditions, les héritiers de M[e] d'Alemans, tiennent 30 livrées de terre (3).

(1) B. N. M. t. 5470, cop. Gaignières. L. V. H.
(2, 3) B. de la S. A. de Soissons T. XVII, p. 304 id. 291.

SEIGNEURS DE VILLERS-HÉLON

Du XVe au XVIIIe Siècle

Andrieu de Gernicourt — En 1400, Jean d'Armentières et Béatrice de Gernicourt, sa femme, fille de feu Andrieu de Gernicourt, escuyer, demeurant à Villers-Hélon, pour participer aux prières du couvent de Longpont, demandent qu'on les enterre le plus près possible de la tombe de demoiselle Marie d'Armentières, femme jadis de Jean de Gernicourt, qui a sa sépulture dans l'abbaye, et donnent à cet effet, aux religieux des biens à Villers-Hélon (1).

Béatrice de Gernicourt avait épousé en premières noces le sire de Graincourt.

Le 17 février 1410, elle fait son testament et laisse plusieurs biens à sa fille Béatrice, 4 arpens de bois à Réginal de Graincourt, son fils, au lieu de Rouvières, 4 arpens de bois au même lieu à son autre fils Jean, et à tous les deux sa maison de Villers-Hélon.

(1) A. du D. de S., A. P. t. iv, p. 189.
Le sceau de Philippe d'Armentières, seigneur de Bruil en 1314, porte : S. Philippe d'Armentières, l'écu chargé d'un autre écu en abime à un lambel à deux branches.

Les Gernicourt ont pour armes : fascé d'argent et d'azur de 8 pièces à un écusson aussi d'argent chargé de 7 billettes d'azur, posées 3, 3 et 1.

A Marguerite, épouse de Robert Brodin, sa tunique de vert surcot et son lit. Elle prend pour exécuteur testamentaire son mari, Jean d'Armentières, qu'elle qualifie de vénérable, discrète et honnête personne (1).

Ainsi apparaissent les Gernicourt, possesseurs d'une des seigneuries de Villers-Hélon, depuis un certain nombre d'années, ils suivent les Villers dont ils sont les descendants par alliance.

Ils étaient d'une ancienne famille, qu'on trouve en 1220 seigneurs du village du même nom (2).

Ade, femme de Thomas de Gernicourt, donne 14 essins de terre à l'abbaye de Prémontré sur lesquels, Guy de Bieuxy avait des prétentions, et auxquels il renonce en octobre 1242 (3).

Thibaut de Gernicourt, vicomte de Roussy, était en août 1420 lieutenant de Mgr le Gouverneur du Valois et capitaine du châtel d'Oulchy pour Mgr le duc d'Orléans (4).

En 1443, d'après les archives de Longpont (5), il y avait 3 seigneurs à Villers-Hélon, savoir :

Noble homme Antoine de Roye.

Maître Thierry Le Cirier, docteur régent en la faculté de médecine de l'Université de Paris.

Et Pierre de Gernicourt, escuyer, principal seigneur.

En septembre 1522, dans la description des biens appartenant à l'abbaye de St-Jean-des-Vignes

---

(1) M. G. L. V. H.
(2) Canton de Neufchâtel.
(3) Archiv. de l'Aisne, H. 753.
(4) B. N. M. F. Pièces originales 1317.
(5) M. Gaignières, L. de V. H.

énoncés dans la déclaration du Temporel de l'abbaye et présentés aux Commissaires royaux (1), les mêmes seigneurs y figurent aussi avec cette différence que Antoine de Roye a été remplacé par son fils.

Les biens de l'abbaye de St-Jean des-Vignes à Villers-Hélon consistent en 62 arpents de terre, 3 de pré, 2 maisons payant pour le cens :

A Messire deGernicourt, 2 sous 8 deniers ;

A Messire de Roye, 7 deniers ;

A Messire Thierry Le Cirier, 6 deniers, faisant en tout : 5 sous 4 deniers.

Les trois familles de ces seigneurs subsistent à Villers-Hélon jusqu'au 17° siècle, époque où elles vendent leurs domaines aux Brouilly qui restent seuls à posséder la Seigneurie.

Parmi les terres voisines de celles de l'abbaye figurent des terres aux hoirs de messire Malortie, seigneur de Mongobert, une à Jehan Paygnart qui devint curé de Villers-Hélon et a été enterré dans l'église.

L'inscription suivante figure sur un cartouche élégant placé sur le deuxième pilier du chœur, côté de l'évangile :

Ci dort le corps de vénérable et discrète personne Messire Jean Paygnart, prêtre natif de Vilers-le-Hélon, lequel trépassa le 10° jour de septembre 1562 et a fondé 5 obits à toujours de vingt trois sous tournois à prendre sur sept pichets de terre assis au terroir du dit Vilers plus amplement déclarés est Nres de ceans, priez Dieu pour son âme, p. p. p. V.

Le prêtre qui avait précédé Jean Paygnart a

(1) Manuscrit de la ville de Soissons.

également une inscription placée sur le mur de l'église de la nef coté de l'épitre. Au-dessous de l'image de St-Jean-Baptiste gravé sur la pierre, on lit :

Les marguilliers de l'œuvre et fabrique de l'église de ceans sont tenus à toujours perpétuellement faire dire, chanter et célébrer en la dite église à l'intention de feu vénérable et discrète personne Messire Jehan Daveluys, en son vivant prêtre natif de Villiers le Hélon, iiii obits solennels pour chacun an à chacun lesquels seront dits vespres des morts, vigiles et laudes et recommandas et iii hautes messes à dyacre et sous dyacre et ce à chacun des quatre temps de l'an, le mercredi, vendredi et samedi, ainsi les dire, chanter et célébrer à l'intention du dit défunt un chacun dimanche et chacun vendredi de l'an à toujours en la dite église au retour de la procession qui se dit chacun des jours en icelle église *crux splendidior* et autres antiphones et oraisons comme plus amplement et déclarés en les (articles) de constitution de la dite rente qui est de sept livres vingt sous, trois deniers tournois de rente au dit défunt duc et pchacn au jour St-Martin dyhver par les personnes et lieux tout ainsi, quil est plus amplement contenu et déclarez es-lettres délivrées du dit contrat passé par devant Crozon et Bourgeois, notaires au chatelet de Paris le 20ᵉ jour de juin mil Vᵉ 36 qui sont au coffre de la dite église de ceans, recours à icelle, priez Dieu pour son âme.

Familles de Roye et de Condé (1)

Antoine de Roye, premier quart comte de

Antoine de Roye
1484, 1515

(1) Tiré de l'Histoire des Princes de Condé, du duc d'Aumale et de l'histoire manuscrite de la vicomtesse de Buzancy et de ses seigneurs par le Marquis de Gaucourt.

Armes des Roye : de gueules à la bande d'argent. Sarrebruck, d'azur semé de croix recroisettées au pied fiché d'or, au lion d'argent couronné d'or sur le tout.

Soissons, comte de Muret, vicomte de Buzancy, seigneur en partie de Villers-Hélon etc., etc., avait été émancipé en octobre 1489, après la mort de son père Jean.

Il sétait marié, en novembre 1505, à Catherine de Sarrebruck, fille de Robert de Sarrebruck, comte de Braine, de Roucy et de Marie de Chaumont d'Amboise.

Il prenait part aux guerres de François Ier contre les Suisses et était tué à la bataille de Marignan, 1515. Son corps, ramené en France, était enterré à Muret qui appartenait à sa famille depuis que Jeanne de Chérizy, héritière des comtes de Muret, avait épousé Mathieu de Roye, grand-maître des Albalétriers, en 1380.

La seigneurie en partie de Villers-Hélon, qui était un fief de Muret, était entrée dans la maison de Roye en même temps que ce domaine.

Charles de Roye
1515, 1551

Charles de Roye naquit en 1510. Après la mort de son père, il fut placé sous la tutelle de sa mère, Catherine de Sarrebruck. Il est par elle comte de Roucy. Le 30 juillet 1511, il figure dans la procession demi-séculaire mais très solennelle, en raison du traité de paix de Cambrai, qui fut faite à l'abbaye de St-Médard de Soissons et à laquelle 30.000 personnes assistèrent.

Les 4 seigneurs de Salency, Villers-Hélon, Chevreux et Quadeleux soutenaient le drap d'or placé au-dessus de la chasse de St-Médard.

Charles de Roye s'y trouvait à plus d'un titre, comme seigneur d'Hartennes, de Missy-sur-Aisne et comme capitaine de Soissons.

En 1539, il est inscrit au procès-verbal du coutumier du Valois (1) sous la dénomination : Charles de Roye, vicomte de Buzancy, seigneur de Villers Hélon, en partie, de Laulnoy, de Crouttes, gentilhomme ordinaire de la chambre du roi.

Il avait épousé Madeleine de Mailly, dame de Conty, fille de Louise de Montmorency, sœur du connétable Anne. Cette même Louise de Montmorency avait épousé en deuxièmes noces Gaspard de Coligny, maréchal de France, dont elle eut l'amiral de Coligny et ses deux frères, d'Andelot et le cardinal de Chatillon.

Charles de Roye (2) avait eu deux filles ; la puinée Charlotte épousa François Ier de La Rochefoucauld, prince de Marsillac, comte de Roucy.

L'aînée, Eléonore, se maria avec Louis Ier de Bourbon, prince de Condé, qui unissait ainsi avec elle, les deux grandes familles de Montmorency et de Chatillon.

Le mariage fut célébré en juin 1551, au château de Plessy-les-Roye par le cardinal de Bourbon, oncle et tuteur du prince. Le seigneur et dame de Roye assignèrent à leur fille aînée 12,000 livres de rente, pour en jouir, 6.000 le jour des épousailles et les autres 6.000 après le décès des dits seigneur et dame.

Eléonore faisait passer dans le domaine des princes de Condé, Buzancy, Muret, Villers-Hélon,

<small>Louis Ier de Bourbon
Prince de Condé
1551, 1569</small>

---

(1) Nouveau coutumier de Bourdol et Richebourg, p. 812, T. 2.

(2) Sa maison était plus noble que riche, D. d'Aumale.

Armes des Mailly : d'or à 3 maillets de sinople 2 et 1.
Bourbon Condé : de France au bâton de gueule péri en bande.

Amifontaine, etc., etc. De ce mariage naquirent 3 filles et 4 fils dont l'aîné fut, Henri Ier de Bourbon, prince de Condé.

Eléonore de Roye, retirée dans ses terres, mourut le 23 juillet 1564.

Son époux, Louis Ier, prince de Condé, épousa en deuxièmes noces Françoise d'Orléans dont il eut Charles de Bourbon, comte de Soissons et de Dreux, qui a fait la branche des comtes de Soissons. Louis de Condé avait commencé les guerres de religion, il était tué à la bataille de Jarnac, le 16 mai 1569.

Henri Ier de Bourbon Prince de Condé 1569-1587.

Henri Ier de Bourbon, prince de Condé, qui lui succède, avait épousé en premières noces Marie de Clèves dont il n'eut qu'une fille, et en deuxièmes noces Charlotte-Catherine de la Trémouille.

Il prit part au premier siège de La Rochelle et à la bataille de Coutras, en 1587, où il reçut un coup de lance dont il mourut.

Henri de Bourbon IIe Prince de Condé 1587-1621.

Son fils, Henri de Bourbon IIe, prince de Condé, était né en 1588, 6 mois après le décès de son père, il avait 18 ans quand sa mère, Charlotte-Catherine de la Trémouille, qui avait fait de nombreux séjours à Muret, vendit Amifontaine, par acte passé le 14 février 1606, à Charles de Brouilly, deuxième fils d'Antoine de Brouilly, seigneur de Mesvillers, gouverneur de Montdidier.

Maximilien de Béthune duc de Sully, comte de Muret, 1621-1632.

En 1621, le prince de Condé voulut acquérir le duché de Chateauroux et tout ce que Maximilien de

Armes de La Trémouille : d'or au chevron de gueules, accompagné de 3 aigles d'azur.

Béhtune Sully : d'argent à la face de gueules.

Béthune, duc de Sully, l'ancien ministre de Henri IV, possédait dans le Berry et le Bourbonnais, notamment le château de Montrond.

Le contrat de vente était signé le 4 février 1621. Le prince dut céder à Sully plusieurs domaines importants, entre autres la terre et le comté de Muret dont Sully prit le titre et qui entrainait avec elle, la seigneurie en partie de Villers-Hélon.

Lui-même vendit le 4 mars 1632, à Messire François Courtin, baron de Givry, chevalier, seigneur de Brucelles et de Rosay, conseiller du roi en ses conseils, la dite seigneurie consistant en 32 arpens de terres labourables en plusieurs pièces sises au terroir de Villers-Hélon, mouvant et relevant en plein fief, foy et hommage de la tour carrée de Muret, moyennant le surcens féodal de 80 livres annuelles envers la dite tour et des droits et devoirs accoutumés.

Le dit fief prit dès lors le nom de fief Courtin.

François Courtin, seigneur de Brucelles, 1632-1634.

François Courtin le vendit à son frère René, ambassadeur à Venise, le 12 septembre 1634 ; il se trouva ainsi réunir les deux seigneuries en partie de Villers-Hélon qui, en 1489, appartenait l'une à A. de Roye et l'autre à Maître Le Cirier dont il était un descendant et héritier.

René Courtin, 1634.

Courtin : d'azur à 3 croissants d'or 2 et 1.

Familles Le Cirier et Courtin (1483-1639)

Messire Le Cirier, 1483-1575.

Mᵉ Le Cirier, régent de la Faculté de Médecine de l'Université de Paris, était encore le premier médecin du Roi.

Sa famille appartient au Soissonnais.

En 1243, Gauthier Le Cirier et sa femme Marie, fondent une chapelle en l'Hôtel-Dieu de Soissons pour le repos de leurs âmes et celles de leurs ancêtres et héritiers, puis, en 1282, ils donnent à Soissons la maison de l'Ouche et ses dépendances, ainsi qu'une autre maison, pour y établir un hôpital destiné à recevoir les pauvres étrangers et les infirmes (1).

Dans le département de l'Aisne, un certain nombre de seigneuries ont été possédées par des membres de la famille de Mᵉ Le Cirier, qui se termine, au xviiiᵉ siècle, par les marquis de Neuchelles, maréchaux-de-camp, gouverneurs de Sainte-Menehould.

De sa femme Marie Avis ou Versoris, Mᵉ Le Cirier a de nombreux enfants, fils et filles, parmi lesquels (2) :

Antoine, seigneur du fief des Oulieux (3), doyen de l'église Notre Dame de Paris, en 1553, puis évêque d'Avranches en 1561. Il mourut le 14 janvier 1575.

---

(1) Archives de l'Hôtel-Dieu de Soissons, 175, 187, 192. Rien n'indique d'ailleurs que Gauthier le Cirier et Maître Le Cirier soient de la même famille, le nom leur est commun et il était répandu dans le pays.

Extrait en partie de l'Histoire de la famille Courtin, de M. Oscar de Poli et des manuscrits français de la B. N.

(2) B. N. dossier bleu, 188.

(3) Fief de Largny. Cant. de Villers-Cotterêts.

Auguste, qui succéda à son frère dans l'évêché d'Avranches, et meurt le 22 mai 1580.

Jean, avocat au Parlement, doyen de la Faculté de Droit de l'Université de Paris.

Robert Le Cirier (1), qui est avocat au Parlement succède à son père dans la seigneurie de Villers-Hélon.

Robert Le Cirier, 1574.

Il a épousé Marie de Moulineaux et en a deux filles :

1° Anne qui suit :

2° Marie qui épousa en premières noces N. Fraguier et, en deuxièmes, François Briçonnet, dont la descendance se termine par les Boutillier.

Anne, demoiselle d'honneur de la Reine, dame de Villers-le-Hélon, épouse Guillaume Courtin, seigneur du Bas-Rozay, avocat puis conseiller du Parlement.

Anne Le Cirier et Guillaume Courtin, 1556.

Il appartenait à la branche des Courtin, seigneurs de Pomponne, qui partie d'une très ancienne famille de bourgeoisie parisienne, allait s'élever successivement aux plus hautes charges de la magistrature et de l'Etat.

Son père, Guillaume, était seigneur de Gournay-sur-Aronde, et sa mère, Geneviève du Bois, dame du Bas-Rozay.

Il avait trois sœurs et un frère qui continue les Pomponne.

---

(1) Armes de Le Cirier : d'azur à 3 licornes d'or saillantes Versoris, d'argent à la fasce de gueules accompagné de 3 fleurs d'ancolie d'azur.

Armes des du Bois, de gueules au lion d'or accompagné de 3 roses d'argent.

De son mariage avec Anne Le Cirier, naissent deux enfants :

Jean qui suit :

Marie, mariée à Claude Larcher, conseiller au Parlement de Paris vers 1580, enterré dans l'église de Sainte-Croix de la Bretonnière.

Claude Larcher avait été assassiné dans les troubles de Paris précédant sa soumission à Henri IV.

Anne Le Cirier, tutrice de sa petite-fille, dut poursuivre la punition des meurtriers qui, le 19 août 1594, furent condamnés à la peine capitale par le Parlement.

Guillaume Courtin décéda le 16 novembre 1556. Sa veuve lui survécut près d'un demi siècle.

Jean Courtin, 1623. Jean Courtin devint seigneur du Haut et Bas-Rosay, Vilette et Villiers-le-Hélon. Conseiller du Roi en ses conseils d'Etat et privé et doyen du Parlement de Paris.

Il meurt en 1623.

Il avait épousé, le 20 juillet 1567, Marie Hennequin, fille de Dreux-Hennequin, seigneur d'Assy, premier président de la Chambre des Comptes de Paris et de Rénée de Nicolaï.

Les Hennequin étaient une illustre famille de robe qui avait joué un grand rôle pendant la Ligue.

Marie Hennequin était la sœur de Jérôme Henne-

Larcher, d'azur au chevron d'or, accompagné en chef de 2 roses d'argent et en pointe d'une croix de Lorraine de même.

Hennequin, vairé d'or et d'argent au chef de gueules chargé d'un lion léopardé d'argent.

quin (1), évêque de Soissons de 1585 à 1619, et tante de son successeur Charles de Hangest qui décéda en janvier 1623.

Marie Hennequin meurt en octobre 1633, et elle est enterrée, à Paris, dans l'église Saint-Séverin avec son mari (2). Et elle avait eu huit enfants, parmi lesquels :

1º François, baron de Givry-en-Argonne, seigneur de Rosay, Brucelles, etc, conseiller au Parlement de Paris, qui continue les Courtin de Rosay, épouse Jeanne Lescalopier et bâtit le château élégant de Rosay et vend à son frère René, le fief Courtin de de Villers-Hélon.

4º René, auteur de la branche des Courtin de Villiers qui suit.

6º Dreux, chevalier de l'ordre de Saint-Jean de Jérusalem, commandeur de Sainte-Vaubourg et d'Eterpigny, décédé à Paris le 12 novembre 1633.

(1) Dictionnaire de La Chesnaye des bois.

(2) 1613. Epitaphe de Marie Hennequin
femme de Jean Courtin a St Méry Paris
dame Marie Hennequin dame de
Gueux femme et épouse
de Me Jean Courtin, sr de Rozay
Villette et Villiers-le-Hélon Chevalier
conseiller du roi en ses conseils d'état
et privé et doyen du Parlement de Paris
elle est décédée (*en blanc*) et elle est
inhumée en l'église St Severin avec
son mari. Cela sera registré pour la postérité
et le peuple qui après naistra
louera Dieu Requiescant in Pace.
ep. M F 8219 p. 339.

Armes des Lescalopier de gueules à la croix d'or cantonnées de 4 croissants de même.

Son épitaphe dans la chapelle de Jésus, de Sainte-Marie-du-Temple, relate que pendant les trente-huit ans qu'il a été dans l'ordre, il a servi la religion avec honneur en plusieurs occasions contre les infidèles, etc.

8° Achille Courtin, conseiller au Parlement de Paris, conseiller du roi en ses conseils d'Etat et privé. De son mariage avec Jeanne Barentin, il a eu deux fils, dont le puiné Honoré Courtin, seigneur des Mesnils, conseiller du Parlement, conseiller du Roi en ses conseils d'Etat et privé, intendant de Picardie, ambassadeur extraordinaire de Louis XIV en Angleterre et en Hollande, décédé doyen du Conseil d'Etat le 27 décembre 1703, à l'âge de 77 ans.

Les mémoires du temps (1) le désignent comme un diplomate hors pair et un magistrat de la plus pure intégrité.

Louis XIV l'honorait d'une faveur particulière.

Il avait épousé Marguerite Le Gras : l'une de ses enfants fut mariée à M° Jacques Rocque, seigneur de Varangéville, ambassadeur près de la République de Venise.

Veuve en 1698, elle était la mère de la Présidente de Maisons et de la Maréchale Duchesse de Villars.

René Courtin, seigneur de Villers-Hélon 1434

4° René Courtin, seigneur de Villers-Hélon,

Barentin, d'azur à 3 fasces. la 1re d'or et les 2 autres ondées d'argent avec en chef 2 étoiles d'or.

Nicolaï, d'azur au lévrier courant d'argent accolé de gueules, bouclé d'or.

(1) St-Simon, Tallement des Reaulx, etc.

Bitault, d'argent au chevron d'azur accompagné de 3 têtes de corbeau de sable arrachées et allumées de gueules.

René Courtin brisait ses armes d'un lambel à 3 pendants de gueules.

Charnières, d'argent à 3 merlettes de sable.

conseiller au Parlement de Paris en 1596, secrétaire du Roi, conseiller du Roi en ses conseils, directeur des finances, ambassadeur de France à Venise, meurt le 12 septembre 1634, peu de temps après avoir hérité de ses père et mère, la seigneurie de Villers-le-Hélon et avoir racheté à son frère le fief Courtin. Il avait épousé Françoise Bitault, fille de François, seigneur de Cluzay, conseiller du Roi, et de Françoise de Charnières, dont il eut six enfants.

Françoise Bitault, restée veuve avec des enfants mineurs, ayant à soutenir des procès et différends avec les Brouilly qui possédaient le vicomté de Villers-Hélon, se décidait à leur vendre le fief et la partie de seigneurie qu'elle et ses enfants possédaient.

La vente eut lieu le 12 avril 1639, par devant Bruneau et Richer, notaires à Paris, moyennant un contre échange de 1,677 livres 13 sols et 4 deniers de rente.

Son fils aîné, Marc Courtin, qui se faisait appeler marquis de Villiers, était filleul de la République de Venise, baptisé à Paris, le 20 décembre 1624, il suivit la carrière des armes et se distingua en plusieurs sièges et batailles. En 1668 il fut fait brigadier des armées du Roi, Gouverneur de Wesbourg en 1671, il prit part à l'expédition de Hollande en 1672, et y mourut. Il ne laissa pas d'enfants légitimes.

Rocque de Varengeville, d'azur à la molette d'éperon d'or accompagné de 3 fers de lance d'argent, 2 en tête 1 en pointe.

Villars, d'azur à 3 molettes d'or, au chef d'argent chargé d'un lion léopardé de gueules.

Longueil de Maisons, d'azur aux 3 roses d'argent, au chef d'or chargé de 3 roses de gueules.

Son frère puiné, Charles Courtin, entré d'abord dans les ordres, les quitta régulièrement et fut appelé le comte de Villiers. En 1679, il épousa Charlotte-Anne de Vieils-Maisons, fille de Pierre, seigneur de Vieils-Maisons en Valois, et de Charlotte de Friese de Brassuches.

Louis XIV érigea, en sa faveur, la terre et seigneurie de Villiers-sur-Marne en comté, par lettres patentes de mai 1693.

De cette alliance naquirent cinq enfants, lui-même décéda en 1708. Sa descendance se continue jusque vers la fin du xviiie siècle.

Familles de Gernicourt, de Dargies et de Beauvois
(1483-1599)

Pierre de Gernicourt,
1483-1522.

Pierre de Gernicourt est le principal seigneur de Villers-Hélon de 1483 à 1522. Sa femme ne nous est pas connue. Il a une fille Antoinette qui lui succède dans la seigneurie.

Simon de Dargies
Antoinette de Gernicourt
1526.

Elle épousa Simon de Dargies, escuyer, seigneur de Dévize. Sa famille avait une antique et illustre origine (1).

Viels Maisons, lozangé d'argent et d'azur au chef de gueules.

Courtin, comte de Villiers, portait d'azur à la face d'or accompagné en chef d'un croissant d'argent et en pointe d'un trèfle d'or.

De Dargies ou Dargie a pour arme, d'or à l'orle de merlettes de sable.

(1) B. N. Pièces origin., 190.

Bernard et Jean de Dargies, assistaient à la première croisade.

Jeanne, dame de Dargies, épouse en première noce, Hugues, comte de Soissons, en deuxième, Jean de Clermont, seigneur de Charollais et de Saint-Just et en troisième, en 1316, Hugues de Châtillon, comte de St-Paul, à qui elle laissa la seigneurie de Dargies.

Enguerrand de Dargies, chevalier, seigneur de Laigny et d'Ouches, est maître fauconnier de Charles V depuis 1380 jusqu'à 1393.

En 1400, Jeanne la Forestière est veuve de Jean de Dargies, échanson du roi.

Il résulte du document ci-après que Simon de Dargies était seigneur en partie de Villers-Hélon dès 1526.

En 1630, lors des difficultés qui surgirent entre les Brouilly, successeurs de Simon de Dargies, et les Courtin, les Brouilly produisirent une déclaration notariée, datée du 4 septembre 1534, de Christophe du Lannoi, marchand et barbier, demeurant à Villiers-le-Hélon, portant que pendant 6 ou 7 ans qu'il avait été sergent des justices et mairies de Villiers-le Hélon, pour noble seigneur, Mr de Roye, Mre Robert Le Cirier, avocat au Parlement, Simon de Dargies et sa femme, il avait fait les jours qu'il en avait été requis, les cris et défenses qu'on avait coustume de faire le jour de la fête du dit lieu qui était le premier dimanche de juin.

En 1539, Simon de Dargies figure au procès-verbal du coutumier du Valois sous la dénomination, Simon de Dargies. seigneur en partie de Villers-Hélon.

Sur la plus ancienne tombe existant actuellement

dans l'église de Villers-Hélon, autrefois placée dans la chapelle de la Vierge, lieu de sépulture des seigneurs et mise à une époque récente entre la porte d'entrée sud de l'église et le confessionnal, on voit une femme voilée sous un portique à fronton grec renaissance, ses armes et celles de son mari sont gravées sur le pied des colonnes. On lit encore :

Cy gist
demoiselle Antoinette de Gernicourt,
en son vivant demoiselle de... .. le Hélon
et femme de Simon de Dargies, escuyer,
seigneur de Devize et vicomte de Villiers...
priez Dieu pour son âme

Louis-François de Dargies De leur mariage était né Louis-François de Dargies, écuyer, seigneur de Villers-Hélon, de Villers-en-Santerre et de Blérancourt en Picardie, qui leur succède.

Il avait épousé Françoise de Lannoy ou de Launoy, d'une illustre famille de la Châtellenie de Lille en Flandre qui compte, parmi les siens, un grand Maître des Albalétriers en France en 1420, des généraux d'armée, gouverneurs, ambassadeurs et quantité de chevaliers de la Toison d'Or.

Ils eurent une fille, Louise.

Louis-François de Dargies mourut jeune (1).

Armes des Lannoy, d'argent à 3 lions de sinople.

(1) Ce fut à cette époque que Munier, notaire résidant à Villers Hélon et son confrère Zacharie Pentier, notaire à Pierrefond, établirent, à la date du 22 août 1567, le contrat de vente qui aliénait au profit du sieur de Mailhard seigneur de Lesdin, prête-nom de Jean Le Febvre de Caumartin, les biens que l'abbaye de Longpont possédait au Tronquoy depuis le XIIe siècle et qui se trouvaient ruinés par les guerres et invasions.

Sa fille Louise, épouse Charles de Beauvais, escuyer, fils de Pierre de Beauvais, escuyer, seigneur de Voulties. (1)

<small>Louise de Dargies et Charles de Beauvais 1584-1596.</small>

Le contrat est à la date du 29 novembre 1568, sous l'autorisation de Pierre de Villerval, escuyer, seigneur du dit lieu, demeurant à Faverolles, fondé d'Adrien d'Amerval, seigneur de Thincourt, son tuteur et curateur. (2)

Louise de Dargies est assistée de noble homme Jean de Chevry, escuyer, seigneur du dit lieu, demeurant au Plessis-Feneursole, son oncle, à cause de demoiselle Péronne de Lannoy, sa femme; de Louis de Popincourt, escuyer, seigneur de Vouty, demeurant au dit lieu ; de Christophe de Chailly, escuyer, seigneur de Gloises ; d'honorable Pierre du Barle, licencié es-lois, lieutenant-général des eaux et forêts du duché de Valois.

Le Sr Pierre de Beauvais accordait en avancement d'hoirie, un fief et maison seigneuriale, nommée le fief de Puisset, situé dans la paroisse de Faverolles, avec droit d'usage dans la forêt de Retz et d'acquitter les rentes constituées par feu François de Dargies, père de la future.

Il s'engageait, en outre, à habiller les futurs et à faire leur banquet à sa discrétion.

En 1571, les jeunes époux durent recourir à Sa Majesté, leur mère, Françoise de Lannoy qui

---

Armes de Beauvais : d'argent à la croix de gueules chargée de cinq coquilles d'or écartelé aux armes des Vouty échiqueté d'argent et d'azur.

(1) Il avait épousé une demoiselle de Lannoy.

(2) B. N. Cabinet d'Hozier, 75. Cabinet des titres 255. N. 5534.

avait épousé en deuxièmes noces Barthelémy de Chevry, écuyer, seigneur de Montgarny, s'était emparée de tous leurs biens, tant meubles qu'immeubles, afin d'avoir la délivrance de son douaire, se montant à la somme de 500 livres assignée sur les biens de feu François de Dargies et spécialement sur la terre de Villers-le-Hélon, elle avait fait estimer les revenus de la dite terre qui, d'après ses experts, ne montait pas à plus de 368 livres 68 deniers.

Les enfants prétendaient que la valeur des revenus étaient de 800 livres.

Son deuxième mari étant venu à mourir, elle avait convolé en troisièmes noces, épousant Antoine de Faroux, escuyer, seigneur de Louâtre (1) et la Falaize, archer de la garde du roi.

Sa Majesté avait, le 26 février 1571, autorisé le Bailli du Valois ou son lieutenant à faire procéder à une nouvelle estimation. Un accord était intervenu le 12 décembre 1586. Le dit seigneur et dame de Loistre cédaient le tiers de la terre et seigneurie de Villers-Hélon, dont ils se réservaient le châtel, maison seigneuriale, colombier, basse cour du dit Villiers.

En 1584, le 18 juin, Louise de Dargies, femme de Charles de Beauvais, faisait un accord particulier avec demoiselle Madeleine d'Hezecques, séparée de biens de François de Gérard, escuyer, seigneur du

---

(1) Loistre, petit fief, C. de Limé.
Sur la cloche ancienne de l'église de Louâtre, commune touchant Villers-Hélon, on lit entre autres : Samson de Renty, escuyer et demoiselle Marie de Hauston, sa femme, demoiselle de Fée et Baptiste Hauston, son fils, escuyer, Antoine de Faroux et demoiselle Françoise de Launoy, sa femme, 1569.

dit (qui dès son jeune âge avait été élevée avec elle à Villers).

Louise de Dargies s'engageait à la recevoir chez elle pour y finir le reste de ses jours.

Elle devait la loger, nourrir et chauffer selon son état, lui donner 25 livres par an pour subvenir à son entretien, lui accorder 400 livres une fois payées pour la libérer de ses dettes. En échange de quoi, la demoiselle d'Hezecques abandonnait à Louise de Dargies : une maison, cour, étables et jardin appelé le Pavillon, situé au lieu de Fleury avec un pichet de pré, 3 petites maisons ruinées et une petite maisonnette, le dit héritage chargé de 5 sous tournois de cens envers les religieux de Bourfontaine, d'un obit fondé par Jean Pohaigne, mari de la dite dame d'Hezecques dans l'église de Fleury, enfin de 20 sols environ de rente envers l'église de Villers-Hélon.

Charles de Beauvais et sa femme eurent neuf enfants (1), dont Charles, seigneur de Voulty et Faverolles, maître-d'hôtel du roi ;

---

(1) Guillaume de Beauvais avait épousé Marie de Vouty, fille et seule héritière de Robert de Vouty, chevalier, seigneur de Vouty et Faverolles, qui vivait en 1414. Madeleine de Vouty avait donné en 1499, la terre de Vouty à Louis de Beauvais, son petit-fils, à charge de prendre ses armes échiquetées de gueules et d'argent qu'il avait écartelées avec les siennes.

En 1240, un Hélon était chevallier de Faverolles.

Le sceau rond de Nivelon de Voultier en 1260 porte : S. Monseigneur Nivelon, chevalier de Voulties, l'écu est échiqueté de gueules et d'argent chargé en tête de 2 étoiles.

B. N. Cabinet d'Hozier, 34.

Louis, seigneur de Mortsau, Parfondu, gentilhomme ordinaire de la chambre du roi.

Marie, abbesse de Nogent-le-Château ;

Madeleine, femme de Jacques de La Haye, écuyer, seigneur de Proisy ;

Antoinette, femme de Bastien d'Acry de Coucherel.

En 1593, le 31 décembre, Charles de Beauvais fit le partage de ses biens avec son frère qui possédait Haucourt, Coucy, puis Ployart par suite de son mariage avec Nicole du Glas.

Après la mort de Charles de Beauvais et de Louise de Dargies, ses enfants vendaient le 23 janvier 1598 aux Chartreux de Bourfontaine les étangs et moulin à blé et à l'huile de la Ramée sis entre Fleury et Corcy. (1)

Puis ils procédaient à la vente du château, fief, terre et vicomté de Villers Hélon à Charles de Brouilly, écuyer, seigneur de Balagny et d'Amifontaine, à la date du 14 juin 1599, acte reçu par Cocault et Pierre de Laistre, notaires R[x] à la Ferté-Milon.

La ratification en fut faite, le 9 août 1601, pour Sébastien d'Acry, écuyer, seigneur de Coucherel, mari de demoiselle Antoinette de Beauvais, pour sa femme et ses cohéritiers. Une autre ratification eut lieu, le 14 mars 1602, par Charles de Beauvais, seigneur de Voulty et Faverolles, fils aîné de Charles de Beauvais et Louise de Dargies.

Le beau-père de Charles de Brouilly, François de la Fontaine, chevalier, seigneur d'Ognon, y figure pour un transfert de 500 livres de rente fait à chacun des héritiers pour le payement de partie de la vente

(1) Archiv. de l'Aisne, H. 1370.

et qu'il avait donnés à son gendre et à sa fille à prendre sur les héritiers Du Noble à Château-Thierry.

En conséquence de la vente, Charles de Brouilly dut faire la foi et hommage à la reine Marguerite de Navarre, duchesse de Valois, le 13 janvier 1603, à cause de son château de Pierrefonds et dut payer à M⁏ Nicolas de la Morlière, receveur des douanes du duché de Valois, le 15ᵉ jour de mai 1604, 18 livres tournois.

Famille De Brouilly (1599-1727)

La famille de Brouilly, qui arrive ainsi à posséder la Vicomté de Villers Hélon, est originaire de l'Artois.

Charles de Brouilly, 1509-1623.

Elle se distingue depuis Azincourt où l'un des siens est tué.

Au moment de la vente, elle arrive à l'apogée de sa fortune, nombreuse et puissante, elle est attachée à la fois à la cour et aux maisons de Condé et de Guise.

Antoine de Brouilly (1), seigneur de Mesvillers et Balagny, le chef de la famille, a été page de François Iᵉʳ, puis escuyer du Dauphin François depuis roi deuxième de nom, il est maître-d'hôtel du roi, chevalier de son ordre.

En 1562, gouverneur de Montdidier, il a signé la Ligue à Applaincourt et figure au procès-verbal de la vérification de la coutume de Péronne, Montdidier et Roye.

Il a épousé en premières noces Charlotte d'Aumale

---

(1) B. N. Dossiers Bleus, V. 139.

fille de Charles d'Aumale, vicomte d'Aucourt et d'Antoinette de Pardieu et en deuxièmes noces, Antoinette de Hangest, veuve en premières noces de Philippe d'Aumale et en deuxièmes d'Anne de Boulainvilliers, seigneur d'Haucourt.

Ses enfants sont :

1° François, il a épousé Louise, fille du duc d'Halwin, qui lui a apporté la seigneurie de Piennes et le rend chef de cette maison, dont les hommes meurent sur les champs de bataille de Senlis et d'Arras et les femmes et les filles sont à la Cour ; les unes comme gouvernantes de la grande mademoiselle de Montpensier, lorsque, veuve, elle eut épousé le comte de Fresque, et les autres comme dames d'honneur.

Ces dernières paraissent dans les ballets de Quinault et récitent les vers faits en leur honneur par Benserade (1). Elles finissent par être l'une duchesse d'Aumont et l'autre Marquise de Chatillon.

(1) Le triomphe de l'amour de Quinault dansé devant S. M. à St-Germain-en-Laye, janvier 1681.

VERS DE BENSERADE

Mademoiselle de Pienne, une des Grâces.

Non, les autres beautés ne sont pas comme vous,
N'ont point je ne sais quoi de doux
Qui trouble un cœur et l'embarrasse.
En vous examinant, voilà ce qu'on soutient
C'est aux grâces qu'il appartient
D'avoir bon air et bonne grâce.

Pour Mesdemoiselles de Brouilly et Clisson.

Nymphes de Diane !
Evitez bien ces gens qui font les doucereux,
Beaux ou laids tous sont dangereux

Le troisième fils, Antoine, a la terre de Boulioir, et devient chef de la branche de Silly-la-Poterie.

4° Madeleine de Brouilly, l'une des filles d'honneur de la reine, se marie, par contrat du 5 février 1573, à Robert-Claude Savigny, chevalier, seigneur de Lancosme, gentilhomme de la chambre du roi.

Le deuxième fils, Charles de Brouilly, au moment où il arrive à Villers-Hélon, est seigneur de Balagny et de Noé-St-Martin, près Senlis. Il est grand bailly (d'épée) de Soissons.

Il avait été page de Charles IX, guidon des guides du vicomte de Villequier, gouverneur de Paris et de l'Ile-de-France.

Par contrat du 29 avril 1583, il a épousé demoiselle Jeanne de la Fontaine (Solare), fille de messire Artus de la Fontaine, seigneur d'Ognon, de Fontaine et de Bertinval, chevalier de l'ordre du roi, maître-d'hôtel ordinaire de S. M., lieutenant de M' de Villequier dans son gouvernement, et de Catherine de Lyon-d'Espaux, dont le père était lieutenant-général au gouvernement de Champagne et de Brie. Mre Artus de la Fontaine devint capitaine de Crépy et Pont-Sainte-Maxence, gouverneur de Soissons, ambassadeur à Vienne et à la Porte, Grand

    Et souvent on se perd quand on les attire.
    Défiez-vous également
    De tout ce qui s'appelle amant,
    Soit le berger, soit le satire.

Charles de Brouilly porte : argent au lion de sinople armé, lampassé de gueules, augmenté d'un lambel de gueules.

La Fontaine Solare, bandé d'or et d'argent de 6 pièces, les bandes d'or échiquetées de gueules de 3 traits.

Maître des cérémonies sous Henri II, François II, Charles IX et Henri III.

On raconte que, de son soin à régler les préséances, serait venu le proverbe : « se ranger en rang d'oignon ».

Charles de Brouilly fut gentilhomme ordinaire de la chambre du roi, chambellan de Monseigneur le Prince de Condé.

Après la vicomté de Villers-Hélon, il acheta, le 14 février 1606, la seigneurie d'Amy-Fontaine à Charlotte-Catherine de la Trémouille, veuve du Prince de Condé. (1)

Il fut seigneur de Courtoisement, Dampmartin-sur-Yonne, Dampmartin-sur-Yevre et Applaincourt.

Il eut pour enfants :

1° Charles qui suit ;

2° Pierre, religieux à l'abbaye de Saint-Jean-des-Vignes de Soissons, on le voit assister en 1616 au chapitre général du couvent.

L'obituaire de l'abbaye le mentionne comme ayant été particulièrement fidèle observateur de la règle. Il était décédé le jour de la 4° calande de janvier : 29 décembre.

3° Antoine, chevalier, seigneur et baron de Courtoisement et Bazoches, donne quittance à son frère Charles, le 6 juillet 1624 et le 12 février 1625, moyennant 1900 livres de pension viagère, et fait hommage à son dit frère de la baronnie de Bazoches, le 14 février 1629.

4° Jeanne, dame d'Amifontaine, épouse : 1° Marc

(1) La généalogie des Brouilly. B. N. Dossiers bleus, V. 139, indique en plus Villiers-Hélon. Ce qui paraît erroné, étant donné qu'elle n'est pas indiquée dans les origines des propriétés des actes de ventes ultérieurs.

Duglas, chevalier, seigneur d'Arrancy, fils de Philippe Duglas, d'où Charles-Gabriel, seigneur de Rugny et Jacques, seigneur de Ployart ; 2° Imbert de Berry, chevalier, seigneur d'Essertaux et de Buires, d'Ennecourt de Wirtecourt, gentilhomme ordinaire de la chambre du roi.

Charles de Brouilly mourut le 29 juillet 1623, sa femme le 12 février 1626.

Ils furent enterrés dans la chapelle seigneuriale de la Vierge dans l'église de Villers-Hélon.

Leur pierre tombale (1) les représente debout, les mains jointes, en costume du temps d'Henri IV.

Charles, la tête découverte, est revêtu de son armure avec une cotté portant ses armes, il est ceint de l'épée, le casque et les gantelets sont sur le côté droit.

Jeanne est en costume de ville, leurs armoiries sont à leurs pieds ; au-dessus de leurs têtes, des enfants tiennent leurs écus, on lit encore : « ....et puissant seigneur Charles de Brouilly, en son vivant gentilhomme ordinaire de la chambre du roi et chambellan de Monseigneur le Prince (de Condé), seigneur de Balagny, Amifontaine et vicomte de Villiers-Hélon, lequel trépassa l'an mil six cent vingt.... ci-gyst demoiselle Jeanne de la Fontaine... »

Ce fut leur fils, Charles de Brouilly, baron de Courtoisement, gentilhomme de la chambre de Monseigneur le Prince de Condé, qui leur succéda dans la vicomté de Villers-Hélon.

Charles de Brouilly, 1608-1654.

Il avait épousé, par contrat du 9 novembre 1608,

---

(1) Actuellement placée le long du mur sud de l'église, près du confessionnal.

demoiselle Charlotte de St-Paul, fille d'Antoine de St Paul, en son vivant maréchal de France de la ligue, lieutenant-général de Champagne et de Gabrielle de Poisieulx, fille de Michel, seigneur de Paray et d'Anne de Beaudoche (1).

Etaient présents, son père, Charles de Brouilly, assisté de Charles et Laurent de Cernoy, écuyers, seigneurs d'Hartenne, ses amis.

Du côté de la future qui est présente :

François de Nespoux, chevalier, seigneur de Peimault, gentilhomme ordinaire de la chambre du roi et de dame Gabrielle de Poisieulx, sa femme, veuve de M^r de St-Paul, sa mère, assistés de Mre Adrien de Drac, chevalier, seigneur de Beaulieu etc., conseiller du roi, gentilhomme ordinaire de sa chambre, Bailly de Melun et Moret, oncle maternel à cause de dame Isabeau de Poisieulx, sa femme ; de Mre Jacques de Bossut, chevalier, seigneur de Longueval et Guillaume de Bataille, ses parents et amis.

Charles de Brouilly donnait à son fils les terres, château et seigneurie de Villiers-le-Hélon, Noé-St-Martin, le bois d'Etréees dits d'Arzivilliers, le château et le village de Rapsecourt, la terre et seigneurie de Dompmartin-sur-Yevre avec les bois de Jauvenet.

A Villers-Hélon, il meublait « une salle et trois « chambres tapissées garnies de lit et autres meubles, « honnestement, avec des provisions comme blé,

---

(1) Tout ce qui concerne le maréchal de St-Paul est extrait des mémoires du temps. Satyre Menippée, mémoire publié par le Mis de Gourjeaud et les pièces recueillies par lui et données à la Bibliothèque de Sedan.

« avoine et tout ce qui est nécessaire au ménage,
« fors le vin. La cuisine était garnie d'ustensiles
« nécessaires, le tout à la condition de ne rien
« demander ni rechercher à la succession future de
« ses père et mère. »

Charlotte de St-Paul apportait 30 mille livres tournois sur ses droits paternels.

La dame de Brouilly, Jeanne de La Fontaine, avait donné pleins pouvoirs à son mari, par procuration établie par Jacques Musnier, notaire royal au bailliage de Valois, résidant à Villiers-le-Hélon.

Le contrat était passé à Prouilly en la maison seigneuriale du Sr et dame de Peimault au lieu appelé le Fourny.

Antoine de St-Paul, père de la mariée, né auprès de la Ferté-Gaucher en Brie, était fils d'Antoine de St-Paul, seigneur de Villiers-Templon et de Jehanne de Pradines.

Elevé familièrement dans la maison de Guise, il avait su monter aux plus hautes dignités par sa bravoure, son intrépidité et ses qualités de commandement.

On le voit en 1588 soutenir le courage du duc de Guise, dans la journée des barricades.

Lors de l'assassinat de ce prince à Blois, il prend une part active aux actions de la Ligue, sous la direction du duc de Mayenne qui le nomme l'un des quarante chargés d'exercer le gouvernement et lui donne le bâton de maréchal de France, le 20 juillet 1593. (1)

Comme gouverneur de Reims, de la Champagne et du Rethelois, il eut à diriger diverses opérations

---

(1) Dignité qui n'a pas été reconnue par Henri IV.

de guerre où il montra une humanité rare à cette époque. (1)

Il bâtit une citadelle à Reims pour maintenir les habitants dans l'obéissance ; il sut leur faire supporter les charges de la guerre, tout en conservant leur estime.

Au moment où les Princes de la maison de Guise cherchent à faire leur paix avec Henri IV, il est tué, dans une discussion relative à la reddition de Reims par le jeune duc de Guise, fils aîné du Balafré, le 25 mars 1594.

Le corps du maréchal était enterré dans la chapelle St-Eloi de l'Eglise paroissiale Notre-Dame de Mézières, le blazon, effacé, laisse encore voir ses armes consistant en un chevron et une cloche en pointe sans distinction d'émaux.

Son cœur était placé dans la chapelle du Rosaire de l'église des Jacobins à Reims.

C'est sans doute à ce souvenir que l'on doit le tableau du Rosaire qui est placé à l'autel de la Vierge dans l'église de Villers-Hélon.

Gabrielle de Poisieux était la fille de Michel de Poisieux, chevalier de l'ordre du Roi, gentilhomme ordinaire de sa Chambre, baron d'Anglure, seigneur de Pavais-en-Brie, Wartigny, Condé-sur-Aisne, etc.

D'une ancienne noblesse du Dauphiné, connue dès le xiiie siècle, il avait épousé en premières noces Anne de Baudoche, puis, en deuxièmes, la fille aînée de Charles d'O et de Jacqueline Gerard.

---

(1) Contrairement à ce dit Voltaire dans la Henriade. Ch. viii.

Aussitôt secourus de Beauvais, de Fosseuse
Du farouche St-Paul et même de Joyeuse.

Isabeau, sa seconde fille, épousa Adrien de Drac, seigneur de Beaulieu. Diane, son autre fille, René du Plessis-Châtillon, baron de Courcières.

Gabrielle de Poisieux avait eu, en outre de Charlotte, une seconde fille Renée, qui épousa Jacques de Montbeton, écuyer, vicomte de Seelles, fils de Jehan de Montbeton et de D^{lle} Luce de Bohan, qui avait été compagnon et ami du Maréchal de Saint-Paul et à qui même, on a souvent donné son nom.

Le contrat avait été signé le 24 novembre 1609. Parmi ses parents : Regnault Feret, écuyer, s^r de Montlaurent, capitaine de Reims, et dame Marguerite de Saint-Paul, sa femme, tante de la future ; de Christophe de Pradines, écuyer, sieur de Bouconville, y demeurant, cousin issu de germain ; Charles de Brouilly et sa femme sœur ; Charles de Saint-Paul, frère d'icelle (1), etc.

Charles de Brouilly eut pour enfants :

1° François qui suit :

2° Renée de Brouilly, l'une des filles d'honneur de la princesse de Condé.

Ainsi qu'il a été dit précédemment, Charles de

(1) Devenue veuve avec une fille Françoise, elle épousait, en deuxièmes noces, Léonor de Rabutin, baron de Champigny, guidon de gendarmerie du maréchal de Vitry, qui, veuf à son tour et sans enfants, se fit religieux du tiers-ordre.
Françoise de Montbeton épousa, en 1642, Jean de Rabutin, frère de son beau-père. Entre autres enfants, ils eurent Jean-Louis de Rabutin qui dans un duel survenu dans la chambre même de la Princesse de Condé, Catherine de la Trémouille, blessa la princesse qui voulait séparer les combattants. Il prit du service en Allemagne et se maria avec la Princesse Dorothée de Holstein-Sunderbourg et devint général en Hongrie.

4

Brouilly, acquit de son frère Antoine, la Baronnie de Bazoches,

Il acheta le 12 avril 1639, par devant Bruneau et Richer, notaires à Paris à la dame Françoise Bitault veuve de Messire René Courtin, seigneur de Villiers, tant en son nom que comme tutrice de ses enfants, le restant de la terre et seigneurie de Villers-Hélon et dépendances avec le fief Courtin.

Les vicomtés et seigneuries de Villers-Hélon se trouvaient ainsi réunies dans la même main.

Par suite des procès et différends entre les parties qui vendaient, la foi et hommage dus au duc d'Orléans, duc de Valois, furent renvoyés à une date ultérieure.

Charles de Brouilly avait une maison à Soissons, paroisse Saint-Rémy.

Sa belle-mère, Gabrielle de Poisieux, veuve une seconde fois, y mourut en 1640.

Elle fut enterrée au caveau des seigneurs en la chapelle de la Vierge de l'église de Villers-Hélon, par messire Antoine d'Hervilly, prêtre-curé de la Paroisse, qui consigne l'inhumation sur les registres encore existants à la mairie de la commune (1).

L'acte rappelle la mort du maréchal de St-Paul, ainsi que les lieux où son cœur et son corps avaient été inhumés.

Aussitôt après la mort de Gabrielle de Poisieux, surgirent des difficultés pour son héritage.

Il existe un factum pour Mre Léonard de Rabutin et Renée de St-Paul contre le s^r Baron de Bazoches (Charles de Brouilly) et Charlotte de Saint-Paul, au sujet de la terre de Prouilly, près de Reims.

(1) Archives de la commune.

— 51 —

Charlotte de Saint Paul, épouse de « haut et puissant seigneur, Messire Charles de Brouilly, chevalier, Baron de Bazoches et Courtoisement, vicomte de Villers-Hélon, marquis de Wartigny », mourut à Soissons le 10 mai 1653, et fut enterrée à Villers-Hélon par le curé Cergent, en la chapelle de la Vierge (1).

Charles de Brouilly décédait le 25 décembre Noël 1654, et était enterré le même mois à côté de sa femme, également par le curé Cergent (2).

Leur fils et successeur, François de Brouilly, fut Marquis de Wartigny, Baron de Bazoches et Courtoisement, vicomte de Villers-le-Hélon, seigneur de Balagny et Dompmartin-sous-Ham, de Replicourt de Rouvray, de Montcornet, conseiller du roi en son Conseil d'Etat, son Lieutenant général au gouvernement de Champagne.

François de Brouilly, 1654, 1680.

Il épousa avant 1648, Christine de Génicourt d'Aultry, fille de Jean-Vincent de Génicourt, dit Baron d'Aultry, vicomte de Levignen, seigneur de Condé, Grand Ham, Donchery, la Mare aux bœufs, chevalier de l'Ordre du Roi, conseiller d'Etat, maître des Requêtes et de Françoise de Malain de Lux, fille d'Edme de Malain, chevalier des Ordres du Roi, Baron de Lux, conseiller de S. M. en ses conseils, capitaine de 50 hommes d'armes de ses ordonnances, maréchal des camps en ses armées, Lieutenant général pour S. M. au Gouvernement de Bourgogne et de Bresse.

Par une singulière destinée, François de Brouilly

(1) Archives de la commune.
(2)   id.   id.

qui était le petit-fils du maréchal de Saint-Paul, assassiné par le fils aîné de Henri Ier, duc de Guise le Balafré, épousa la petite fille d'Edme de Malain qui le 5 janvier 1618, fut tué traitreusement par le plus jeune des fils du Balafré, le chevalier de Guise, sous ce prétexte que le Baron s'était vanté d'avoir su le dessein qu'avait le roi de faire tuer Mr de Guise, à Blois (1).

Le même chevalier de Guise avait, en outre, tué, mais cette fois en combat loyal, Claude de Malain qui l'avait provoqué, pour venger son père Edme.

De ce mariage, naquirent onze enfants, dont les actes de Baptême n'existent qu'en partie à Villers-Hélon, par suite de la perte d'un registre.

Le 10 juin 1676, François de Brouilly fit la foi et hommage de la seigneurie de Villers-Hélon, complétée par l'achat de son père, entre les mains de Mr Claude Housset, chevalier, seigneur du Housset, chancelier, chef du conseil et garde scel de Monsieur, fils de France, frère unique du roi Duc d'Orléans et de Valois.

Il mourut à Paris en décembre 1680, dans sa 52e année.

On a de lui une quittance de 1.800 livres, représentant 6 mois de ses appointements pour le gouvernement de Champagne.

Il signe Brouly-Wartigny.

Il avait eu des difficultés avec le deuxième duc de Mantoue et de Montferrat, au sujet du droit qu'il possédait sur le 1/3 des dix parts qui se vendaient dans les bois de Montcornet, appartenant audit duc.

---

(1) Tallemand des Reaulx, t. IV, p. 368. — Armes de Genicourt-d'Aultry, de gueules au sautoir d'or.

L'affaire fut plaidée devant le Parlement et a donné lieu à un factum à ce sujet.

Sa femme, Christine d'Aultry mourut en janvier 1702.

Elle avait fait le partage de ses biens après la mort de son mari. Leurs enfants eurent les destinées suivantes :

1° Françoise (1), née le 13 mars 1650, à Soissons et baptisée à l'église Saint-Rémy. Parrain, son grand-père, Charles de Brouilly ; marraine, sa grand'mère de Malain, dame d'Aultry.

Elle fut religieuse aux filles de la Visitation Ste-Marie à Compiègne où elle fit profession, le 15 mai 1669, entre les mains de l'Evêque de Soissons.

Sa mère lui lègue 100 livres de pension viagère, le 1er mars 1701 ;

2° Charlotte-Henriette, née à Villers-Hélon en avril 1651. Parrain, Charles d'Aultry, son oncle; marraine, Charlotte de St-Paul, sa grand'mère. Elle meurt le 16 février 1657 ;

3° Louis de Brouilly, né à Soissons, le 6 mars 1653 et baptisé en l'église Saint-Rémy. Parrain et marraine des Pauvres, décédé à Villers-Hélon, le 11 novembre 1654 et inhumé « dans le caveau de ses « ayeux » ;

4° Marie-Claude-Baltazarde, née le 20 septembre 1654 au château de Villers-Héron (*sic*)(2) et baptisé le 23 octobre suivant. Parrain, Messire Claude de Talaru, marquis de Chalmazel ; marraine, demoiselle Marie de Simiane, fille du comte de Moncha,

---

(1) Le nom de Villers-Hélon a souvent varié d'orthographe suivant celui qui l'écrit.

(2) Archives de la commune.

cousin et cousine de la dame de Wartigny. Marie-Claude mourut le 18 février 1657 ;

5° Christine, religieuse aux filles de la Visitation Ste-Marie à Compiègne, reçoit comme sa sœur 100 livres de rente viagère ;

8° Charles dit le chevalier de Wartigny, tué par le guet, juillet 1682 ;

9° Augustin Scipion, chevalier non profès de l'Ordre de Saint-Jean de Jérusalem, puis Lieutenant dans le régiment du roi infanterie.

Le 20 octobre 1680, il faisait partie d'une escadre de l'ordre de Malte, commandée par le bailli de Correa, qui donna la chasse à deux navires corsaires de Tripoli.

Les deux corsaires furent coulés, mais l'escadre eut 80 tués ou noyés et plus de 100 blessés. L'affaire eut lieu à 70 milles d'Alexandrie.

Le chevalier de Brouilly-Wartigny, qui était sur l'un des vaisseaux après leur abordage, put se sauver à la nage quand il coulait (1).

Il dut mourir après 1694, époque où, en présence de leur mère, il y eut un partage des biens de leur père entre ses enfants.

7° Antoine, comte de Wartigny, né au château de Villers-Héron le 12 avril 1659, et baptisé le 22 août 1669 en l'église Saint-André-des-Arts.

Parrain : M° Antoine de Brouilly, marquis de Piennes, comte de Montdidier, conseiller du Roi en ses conseils d'Etat, gouverneur et lieutenant général pour Sa Majesté en la ville et citadelle de Pignerol. Marraine : D^{lle} Marie de Brouilly, fille de Charles de Brouilly, seigneur de Mesvillers, marquis de Palmes.

---

(1) *Gazette de France*, N° du 24 nov. 1680, p. 680.

— 55 —

Le 9 septembre 1684, étant capitaine au régiment de Picardie, il est nommé au régiment de Tournaisis à sa création. En 1687, il paraissait avec ses frères au mariage de son cousin du Puy de Rouvroy avec D^{lle} d'Abon.

Il devint colonel du régiment de Tournaisis et fut tué le 24 juin 1691, au siège de Coni, au moment où M. de Bulonde fit emporter la contrescarpe l'épée à la main. A cette date, il y avait dans la place 2,000 Barbets qui n'ayant plus de poudre, faisaient des sorties l'épée à la main. (1)

6° César de Brouilly, marquis de Wartigny, vicomte de Villiers-le-Hélon, Baron de Bazoches et Courtoisement. est reconnu le fils aîné, à la date du 26 mars 1676.

César de Brouilly, 1680.

Il est capitaine du régiment de dragons Dauphin, en 1687.

Colonel d'un nouveau régiment de dragons, il est réformé à la paix de Ryswick. En 1697, il est colonel du régiment de dragons de Monseigneur (le Dauphin).

En 1700 il est brigadier de dragons, sert au combat de la Vittoria et y est blessé.

Saint-Simon dit de lui, à propos de la présentation au cardinal de Bouillon de son cousin le chevalier de la Tour :

« Wartigny, brigadier alors de dragons, dont il a
« été parlé quelquefois, était une manière d'effronté
« fort plaisant, d'un commerce ordinairement fort
« doux mais qui se choquait volontiers des imperti-
« nences. »

(1) Correspondance de Bussy-Rabutin. Lettre de l'abbé de Choisy, 27 juin 1699.

En 1702, étant maréchal de camp, il est tué d'un coup de mousquet, le 27 octobre 1704, en montant la tranchée devant Verrue.

Saint-Simon raconte en 1704, « que Bouligneux, lieu-
« tenant-général, et Wartigny, maréchal de camp,
« tués devant Verrue, étaient des hommes de grande
« valeur, mais tout à fait singuliers.

« On avait fait, l'hiver précédent, plusieurs
« masques de cire de personnes de la cour au naturel
« qui les portaient sous d'autres masques, en sorte
« qu'en se démasquant on y était trompé en prenant
« le second masque pour le visage, et c'en était un
« tout différent dessous.

« On s'amusa fort de cette badinerie. Cet hiver on
« voulut encore s'en divertir. La surprise fut grande
« lorsqu'on trouva tous ces masques naturels et
« frais et tels qu'on les avait serrés avant le car-
« naval, exceptés ceux de Bouligneux et Wartigny
« qui en conservant leur parfaite ressemblance,
« avaient la paleur et le tiré des personnes qui
« viennent de mourir.

« Ils parurent de la sorte à un bal et firent tant
« d'horreur, qu'on essaya de les raccommoder avec
« du rouge, mais le rouge s'effaçait dans l'instant et
« le tiré ne put se rajuster.

« Cela m'a paru si extraordinaire, que je l'ai cru
« digne d'être rapporté ; mais je m'en serai bien
« gardé aussi si, toute la cour n'avait été, comme
« moi, témoin et surprise extrêmement, et plusieurs
« fois de cette étrange singularité.

« A la fin on jetta les masques. »

César de Brouilly avait transigé avec sa sœur Pulchérie sur le payement de la succession de leur mère, le 26 janvier 1702.

Dans une lettre de Louvois à M. Bossuet, intendant de la Généralité de Soissons, du 18 août 1689, on lit : (1)

« MM. de Brouilly et de Wartigny réclament contre
« une taxe de saisie que les officiers de la justice
« de Soissons ont fait signifier contre eux sur une
« terre qu'ils ont près de cette ville (Villers Hélon ?)
« parce qu'ils n'ont point comparu à la convocation
« de l'arrière-ban, leur donner main-levée, ils sont
« exempts de l'arrière-ban par les services qu'ils
« rendent actuellement à l'armée. »

10° Enfant né à Paris le 17 mars 1667. Ondoyé mais non nommé et mort aussitôt après sa naissance.

11° Pulchérie de Brouilly, Dlle de Wartigny, dame de Bazoches et Courtoisement et du fief de Trouville, près Bar-le-Duc, par la donation que lui fit sa mère le 1er avril et 24 juin 1699.   *Catherine de Brouilly, 1699, 1708.*

Elle fut instituée l'héritière universelle par le testament de sa mère.

Restée seule, elle fut obligée de liquider le passif de cette succession et de celles de ses frères.

C'est ainsi qu'étant réfugiée au couvent des Filles Sainte-Marie, rue Saint-Antoine à Paris, elle vendit à Louis Prévot du Barail, chevalier, seigneur d'Aunond, Lagrange, suivant contrat passé le 27 janvier 1708, devant Lefèvre et son confrère, notaires à Paris, la terre et le château de Villers Hélon.   *Louis-Prévot du Barail, 1708.*

Ils étaient ainsi désignés dans l'acte :

La terre, vicomté et seigneurie de Villiers-le-Hélon, scize près l'abbaye de Longpont, en la coutume des

(1) 855 Archives de la guerre et Bulletin de la Soc. Ar. de Soissons. 1899, p. 158.

Valois, consistant en un château entouré de fossés, basse court, coulombier, maison et ferme, terres labourables, près, bois, moulin bannal à eau, haute, moyenne et basse justice. Cens, rente en deniers, grains, chapons et poules, mouvant et relevant en plein fief, foy et hommage partie du roi, à cause de son château de Pierrefonds possédé à présent par Monseig^r le duc d'Orléans, comme apanagiste du duché de Valois, partie de la terre et seigneurie de Bazoches, et l'autre partie du fief Courtin, ci après mentionné, envers eux chargé des droits et devoirs accoutumés, franche et quitte des dits droits et devoirs de tout le passé jusqu'à présent.

Puis 32 arpents ou environ de terre labourable en plusieurs pièces, assises au terroir du dit Villiers le Hélon et ses environs, avec tous les surcens, droits de justice, seigneurie, arrière fiefs, et tous autres droits généralement quelconques dont est composé le fief Courtin, mouvant et relevant en plein, foy et hommage de la tour carrée de Muret, et chargé de quatre vingt livres de surcens féodal et des droits et devoirs accoutumés, aussi francs et quittes de tout le passé jusqu'à présent.

Plus toutes les terres labourables situées sur le terroir de Louastre et chargées des cens ordinaires et droits seigneuriaux envers le seigneur de Louastre.

Tous les anciens titres contrats et pièces concernant la propriété de ladite terre, seigneurie et vicomté de Villers-le Hélon et fief Courtin et autres biens, étaient livrés suivant l'état dressé par le notaire. (1)

(1) En établissant l'acte complémentaire, les notaires faisaient remarquer que le papier timbré n'était pas en usage à Valenciennes.

— 59 —

- Le prix de la vente était de 42.000 livres, divisés en un certain nombre de créanciers appelés à recevoir une certaine somme ou la rente qu'elle représentait.

Ainsi les religieuses de la Visitation à Compiègne avaient 1,000 livres pour le principal de 50 livres de rente. Pulcherie de Wartigny recevait 5.700 livres.

Mme du Barail, Esther Ribier, qui était à ce moment de la vente à Valenciennes chez son beau frère François Marcès, seigneur de Champereux, époux de Barbe du Barrail et lieutenant pour le Roi au gouvernement de la ville, était appelée à approuver le contrat.

Ainsi disparaissait de Villers-Hélon la famille des Brouilly, entraînée dens le courant glorieux des guerres de Louis XIV. D'autres branches de la famille existaient encore : elles s'éteignaient au commencement du xixe siècle.

Famille du Barail (1708-1780)

Louis Prevost du Barail, du pays Messin, appartenait à une famille qui avait compté de nombreux représentants dans les chevaliers de St-Jean de Jérusalem, ainsi que dans la Prévoté et Echevinage de la ville de Paris,

Louis-Prévost du Barail, 1708-1734.

A la date de l'acquisition de la vicomté et du château de Villers-Hélon, il était colonel du régiment du Roi, infanterie, depuis deux ans il avait remplacé le Marquis de Surville.

(1). Il y avait débuté comme cadet en 1679 et il y avait fait sa fortune militaire (2).

(1) Chronologie historique, Questionnaire de Picard, V. 5. — Mercure de France, 1732, p. 2739.
(2) Saint-Simon.

Sous-lieutenant le 17 décembre suivant, lieutenant (1) le 6 février 1680, il servit au siège de Courtray, à la prise de Dixmud, au bombardement d'Oudenarde en 1683, à l'armée qui couvrit le siège de Luxembourg en 1684, il obtint une compagnie le 4 septembre de cette année.

Il la commanda au siège et à la prise de Philipsbourg, de Manheim, de Franckendal, de Mayence en 1688, à l'armée d'Allemagne sous les ordres du maréchal de Lorges.

A la bataille de Fleurus en 1690, au siège de Mons, puis à l'armée de Flandres, sous le maréchal de Luxembourg.

En 1691, au siège et prise de Namur, au combat de Steinkerque, au bombardement de Charleroy en 1692.

Il passa dans une compagnie de Grenadiers, par lettre du 8 octobre, servit à sa tête au siège de Huy, se distingua à la bataille de Nerwinden et au siège de Charleroy en 1693.

Il était de la marche de Vignacourt, au pont d'Espierre en 1694, au bombardement de cette ville en 1695.

Il sert à l'armée de Flandres en 1696 et 1697, au camp de Coudun, près Compiègne en 1698, et devint commandant de bataillon le 25 décembre.

Il obtint la croix de Saint Louis le 21 février 1700 et sert à l'armée de Flandres en 1701, et 1702, et contribue à la défaite des Hollandais sous Nimègue.

Ce fut vers cette époque qu'il épousa Esther-

---

(1) Ce n'est donc pas de Louis de Barail dont il est question dans les mémoires de M"" de Montpensier en 1680 à propos de ses amours avec Lauzan.

Françoise Ribier, fille ou nièce d'Abraham de Ribier, écuyer, seigneur de Villebrosse, lieutenant-colonel de dragons de Saint-Frémont. (1)

La famille de Ribier était toute militaire (2). Antoine de Ribier, frère d'Abraham, époux d'Agnès Le Noir, avait été tué à Steinkerque, le 3 avril 1692 comme capitaine-commandant le 3e escadron du régiment de dragon Dauphin.

Les Ribier étaient parents des La Motte-Houdancourt et de la duchesse de Ventadour.

Louis du Barail eut de son mariage :

1º Georges-Charles ;

2º Thérèse-Gabrielle ;

3º Antoine.

Par commission du 2 mars 1703, il avait été nommé lieutenant-colonel du régiment du Roi.

Il est avec lui à Brissac, sous le duc de Bourgogne, au siège de Laudan, sous le maréchal de Tallard, à la bataille de Spire, sous le même général, il y eut le poignet cassé.

A l'armée de la Moselle, sous le comte de Coigny, en 1704. A la même armée, sous le maréchal de Villars en 1705.

Le 6 janvier 1706, il est colonel-lieutenant du régiment, place qui donnait des rapports continuels avec le roi parce que (3) « le roi faisait sa poupée de

---

(1) Carres d'Hozier, 596, Cabinet des Titres, 302, Réception à Saint-Cyr. — Armes de Barail, échiqueté d'or et d'argent, au franc canton d'or chargé d'un griffon de sable.

(2) Ribier de Villebrosse de gueules à une fasce d'argent ondé et à une tête de licorne posée à la pointe de l'écu.

(3) Saint-Simon.

« son régiment, entrant dans tous les détails comme
« un simple colonel avec les mêmes goûts qu'un
« jeune homme qui sort des mousquetaires, il le
« distinguait de toutes manières. C'était donc une
« source de privances de grâce et d'utilité. »

La même année, du Barail commanda son régiment à la bataille de Ramillies, puis à l'armée de Flandres, sous le duc de Vendôme, à la bataille d'Oudenarde en 1708. Il est à l'armée de Flandres en 1709-1710. Ce furent ses dernières campagnes.

Sa fortune n'était pas assez considérable pour tenir d'une façon brillante son régiment : le roi le lui reprit pour le passer au Marquis de Nangis.

Il fit du Barail, maréchal de camp, par brevet du 24 janvier 1711, et lui donna le gouvernement de Landrecies, au lieu de celui de Gravelines qu'il avait en 1703.

En 1712, il défend la ville de Landrecies contre le prince de Anhalt-Dessau, qui, à la suite de la victoire de Villars, à Denain sur le Prince Eugène, fut obligé d'en lever le siège.

Du Barail avait tout préparé pour une résistance héroïque.

Le 30 mars 1720, il fut fait lieutenant-général et conserva le gouvernement de Landrecies jusqu'à sa mort.

Le 27 juin 1714, il avait donné pouvoir à M. Fournier, procureur au Baillage de Villers-Cotterêts pour défendre ses intérêts au sujet des droits de quint et de requint qu'on lui réclamait comme dus à S. A. R., Monseigneur le Duc d'Orléans pour la portion de la vicomté de Villers-Hélon qui pouvait relever de son domaine.

Le général faisait remarquer à cet égard, que la

dite terre et vicomté était composée de plusieurs fiefs relevant de différents seigneurs, indiqués dans son contrat d'acquisition, mais que les portions relevant de chacun des seigneurs suzerains ne lui avaient pas été marquées.

Il avait d'ailleurs rendu sa foi et hommage à S. A. R.

Il dut y avoir accord à cet égard ainsi qu'on le constate dans le contrat de vente suivant :

Louis du Barail mourut le 26 novembre 1734, à l'âge de 73 ans.

Il fut inhumé le 27 novembre dans la chapelle seigneuriale de l'église de Villers-Hélon. En présence de son fils Charles du Barail, d'Antoine du Barail, Clerc tonsuré du diocèse de Soissons, du Marquis de Ligny, du comte de Buron, de l'abbé de D. Roset, grand archidiacre de l'église de Soissons, de Hyacinthe Dubois, docteur en Sorbonne, prieur de l'abbaye Royale de Longpont, de Robert, curé de Villers-Hélon et d'un grand nombre de curés des villages voisins (1).

L'épitaphe suivante est gravée sur sa tombe qui porte ses armes :

C'y gist Messire Louis du Barail, chevalier,
Seigneur et Vicomte de Villers-Hélon, lieutenant-général
des armées du Roi, gouverneur de Landrecy.
Bon chrétien, bon sujet, bon ami,
bon père, ses vertus l'ont fait estimer pendant sa vie,
et regretter après sa mort, âgé de 73 ans,
et fut inhumé le 27 novembre de l'année 1734.
Priez Dieu pour son âme !

Sa femme Françoise Ribier, était morte en 1718 et inhumée également dans l'église.

(1) Archives de la commune.

La tombe porte les armes des Ribier, accollées avec celles des du Barail, avec l'épitaphe suivante :

Ci gist Madame Françoise Esther de Ribier
épouse de M⁽ʳ⁾ Louis du Barail Ch⁽ʳ⁾ Seig
et Vicomte de ce lieu Llent genéral des
armées du roi et gouverneur de Landrecy
la quelle s'est rendue recommandable par
sa piété sa vertu et sa charité envers les pauvres
Elle fut inhumée le 9 de sept. de
l'année 1718 priez Dieu pour son ame.

3° Antoine du Barail n'était, à la mort de son père, que clerc tonsuré du diocèse de Soissons.

Le 26 octobre 1744, au deuxième mariage de son frère Jacques-Charles, il est abbé de l'abbaye Notre-Dame de Troyes.

Au mariage de sa nièce Louise-Antoinette Adélaïde du Barail, le 20 novembre 1751, dont il fut le parrain, il est abbé de l'abbaye royale de Nesle-la-Repasse, ordre des Bénédictins à Villenaux.

En 1761, il est grand vicaire de Soissons, et à ce titre présent, lorsque M⁽ᵐᵉ⁾ Thérèse de Margueret, abbesse de Saint-Paul-lès-Soissons, rendait les comptes à sa communauté, et signait lesdits comptes fixant les dettes.

Enfin, lors de la vente de la seigneurie de Villers-Hélon, le 16 octobre 1780, il était décédé et avait laissé son avoir à son neveu, le fils aîné de son frère.

2° Le 1⁽ᵉʳ⁾ février 1733, Marie Thérèse-Gabrielle du Barail épousa de grand matin, dans la chapelle du château, Henri-François de Condé, capitaine de cavalerie au régiment de Durfort, fils de Messire de Condé, chevalier et seigneur de Villers-Agron, et de défunte Elisabeth Canelle.

La cérémonie était faite par Barthélemy Carrelet

de Rosay, prêtre docteur en Sorbonne, chanoine et grand-archidiacre de l'église de Soissons, prédicateur du Roi, en présence de son père, Louis du Barail et des témoins : François-Emmanuel de Ligny, chevalier, seigneur du Plessier et de Messire Charles de Ligny, chevalier, capitaine au régiment du Roi, et de Charles de Beauvisage, avocat au Parlement, et des parents Charles-Gabriel, marquis de Folleville, et Philippe de Folleville (1).

Cette union ne fut pas heureuse. Marie-Thérèse-Gabrielle du Barail ne voulut pas vivre avec son mari. Elle mourut à Soissons, paroisse Saint-Remy, le 26 mai 1778, sans avoir eu d'enfants (2).

Au moment où il succédait, à Villers-Hélon, à son père, Jacques-Charles-Louis Prévost, marquis du Barail, était capitaine dans le régiment du Roi, il venait d'être blessé à la bataille de Parme.

Jacques-Charles-Louis Prévost. Marquis du Barail 1734-1773.

Né en 1708, il avait été lieutenant réformé au régiment du roi le 20 août 1720, lieutenant en 2e le 20 janvier 1722.

Il sert au camp de Montreuil, devient lieutenant le 27 novembre de la même année, est au camp de la Moselle en 1727.

Le 27 septembre 1732, il obtint une commission de capitaine et une compagnie le 9 mai 1733.

Il la commanda, la même année, aux sièges de Gerra, d'Adda, de Pizzighitone, du château de Milan, de Tortone et de Novarre au mois de février 1734, à la défense de Colorno, puis à la citadelle de Parme ou

---

(1) Les Condé portaient d'or à 3 manches, mal taillées de gueules.

(2) Archives de la commune.

il était blessé, à la bataille de Guastalla en septembre, à la prise de Gonzague, de Reggiolo et de Revère en 1735, à la prise de Prague en 1741, au combat de Sahay, à la levée du siège de Frauemberg, à la défense de Prague et à la retraite de cette place en 1742.

Colonel du régiment du Vivarais, par commission du 6 mars 1743, il le commande en 1744, sous les ordres du prince de Conti, à la prise de Villefranche de Montalban et de Nice au mois d'avril.

Il obtint le grade de brigadier par brevet du 2 mai et assista aux sièges du château Dauphin, de Demont et de Coni.

Employé à la même année, le 1er avril 1745, par le maréchal de Maillebois, il concourut à la prise d'Acqui et de Tortone, d'Alexandrie, de Valence-d'Ast et de Casal ; il se trouva à la bataille de Plaisance, au combat de Tidon en 1746 et finit la campagne où son régiment fut mis en quartier d'hiver et contribua en janvier et février 1747 à chasser les ennemis de la Provence.

Le 1er juin suivant, il commanda à Leventro-sur-le-Var, pour veiller à la garde des ponts et des postes des environs.

Il marcha au mois d'octobre au secours de Vintimille et se trouva au combat livré sur cette place.

Maréchal de camp, par brevet du 1er janvier 1748, il se démit du régiment du Vivarais, et fut employé à l'armée d'Italie le 1er mai suivant.

La paix étant faite, il continua à servir sur cette frontière jusqu'en août 1749.

On lui donna le commandement de Dunkerque, par commission du 11 novembre 1754.

Il a été employé comme maréchal de camp au

camp d'Aimeries sur-Sambre, par lettre du 31 juillet 1755 et sur les côtes de Flandre, par lettre du 31 décembre suivant.

Il obtint le 1er mars 1757 un ordre pour commander en Flandre.

Lieutenant-général des armées du Roi, par pouvoir du 28 décembre 1758, il était employé en cette qualité par lettre de janvier 1759 et commandait à Dunkerque, en Flandre jusqu'à sa mort à l'âge de 65 ans (1).

Il était chevalier de Saint-Louis.

Il avait épousé en premières noces, Marie-Geneviève Le Gras de Beaulieu (2), dont il n'eût qu'un enfant mort en 1758, sans postérité.

Les Legras, seigneurs de Beaulieu, Chalmont-Acy Leiches, Malval, Nuisy, Malvoisine et Bertigny étaient nombreux et avoisinaient Villers-Hélon.

En 1666, mourut Mr Jean-Baptiste Legras, Couseiller du roi en ses conseils privés et de ses finances, Président, Lieutenant-général au bailliage pro-

(1) Journal de Barbier, mai 1758, le 20 de ce mois, lettre de cachet du roi à M. le comte de Maillebois, de se rendre dans la citadelle de Doulens, en Picardie. Cette lettre adressée à Mr du Barail, maréchal de camp, commandant de Dunkerque avec ordre de l'y faire conduire par un capitaine de grenadiers du régiment de Bourbonnais ; et, en cas de résistance, par deux capitaines et une compagnie de grenadiers, la bayonnette au bout du fusil. Mr du Baruil en portant cet ordre n'a trouvé aucune résistance aux ordres du roi et Mr le comte de Maillebois a été conduit par le capitaine de grenadiers au château de Doullens comme prisonnier d'Etat.

(2) Legras de Beaulieu vairé d'or et d'azur coupé de gueules à trois molettes d'or et une trangle d'argent sur le trait coupé.

vincial et siège présidial de Soissons. Sa femme était née Elisabeth de Faverolles.

En 1736, Nicolas Legras, écuyer, conseiller du roi, vicomte d'Acy avait marié sa fille au Marquis de Folleville, a qui elle avait apporté les terres d'Acy, de Mariencourt et d'Huisy.

Le frère de Marie-Geneviève possédait une partie du hameau de Wallée, dépendant de la seigneurie de Givray. Il avait, en outre, de nombreuses terres sur le territoire de Villers-Hélon.

Elle mourut le 6 février 1748, à 28 ans, « après avoir donné dans la maladie longue et accablante dont elle est morte, les plus vrais exemples de religion, de piété, d'humilité, de patience et de résignation à la volonté du Très Haut, vertus qu'elle a pratiquées constamment dans le cours de sa vie (1) ».

Son corps fut inhumé, le lendemain dans le caveau sépulcral des seigneurs, en présence de Mr Legras de Chalmont, trésorier de France, son frère, de Messire Jean des Andivois, seigneur en partie de Louâtre, des curés des environs, et de tous les habitants du village « et d'un grand nombre de personnes du voisinage que leur vénération et leur amour pour la dite dame, respectée et regrettée généralement de tout le Soissonnais avaient porté à lui rendre les derniers devoirs (1). »

Jacques-Charles-Louis du Barail, épousait en deuxièmes noces, le 26 octobre 1749, alors qu'il était Maréchal de camps et armées du roi, chevalier de l'Ordre royal et Militaire de Saint-Louis, dans la chapelle du château de la Chapelle-Godefroy, diocèse

---

(1) Extrait de l'acte de décès établi par le curé Robert. Archives de la commune.

de Troyes, Adélaïde-Henriette-Phileberte Orry de Fulvy (1), fille de Jean-Henri-Louis Orry, comte de Nogent-sur-Seine, Saint-Gérard, la Chapelle-Godefroy, Fulvy et autres lieux, conseiller d'Etat, intendant des finances et de Henriette Louise-Hélène de la Pierre de Bouzies (2).

Le mariage était célébré par l'ancien évêque d'Orange, en présence de Louis-Antoine de Gontaut, duc de Biron, Pair de France, chevalier des Ordres du Roy, lieutenant-général des armées, colonel du régiment des gardes françaises, gouverneur des villes et châteaux de Landrecies, de Jean Toussaint de la Pierre, seigneur de Frémure, lieutenant-général des armées du roi, d'Antoine du Barail, abbé de l'abbaye de Notre-Dame-de Troyes, de Louis-Jean de Bertier, seigneur de Sauvigny, conseiller du Roi en ses conseils, intendant de la généralité de Paris (3).

(1) Orry de Fulvy, de pourpre à un lion rampant et grimpant sur un rocher d'argent.

(2) Mercure de France, fév. 1750, p. 205.

(3) Journal de Barbier, février 1737. Enfin le roi a nommé pour secrétaire d'Etat des affaires étrangères, M. Amelot de Chaillou, intendant des finances, il faut convenir que personne ne s'y attendait et on a donné sa place d'intendant des finances à M. Orry de Fulvy, maître des Requêtes, frère du contrôleur général ; celui-ci a tant de crédit auprès du cardinal qu'on dit que M. Amelot de Chaillou n'a été fait secrétaire d'Etat que pour donner sa place à M. de Fulvy. — Nota : il se rendit célèbre par sa passion effrenée au jeu.

Journal de Barbier, mai 1751. M Orry de Fulvy, intendant des finances, frère de M. Orry, dernier controleur général, est mort âgé seulement de 48 ans ; comme il a fait toujours très grande dépense, il laisse une veuve et des enfants avec très peu de biens.

Jean-Henri-Louis Orry était fils de Jean Orry seigneur de Vignory, la Chapelle-Godefroy, Fulvy, président à mortier au Parlement de Metz et de sa deuxième femme Louise-Catherine Corcessin.

De son premier mariage avec Marie-Anne Ermonin, il avait eu, 1° Philebert Orry, ministre d'Etat, conseiller d'Etat ordinaire, commandeur et grand trésorier des ordres du Roi, contrôleur général des Finances et directeur des bâtiments de S. M. qui était mort le 9 novembre 1747.

Adélaïde-Henriette-Phileberte avait pour frère Philebert Orry, chevalier, comte de Vignory, conseiller d'Etat, qui devint intendant de la généralité de Soissons le 2 juin 1722, et pour sœur Louise-Elisabeth, mariée à Antoine Martin-Chaumont, Marquis de la Galaisière, maître de Requestes, chancelier et garde des sceaux du feu roi de Pologne, duc de Lorraine et de Bar.

Adélaïde-Henriette-Phileberte apportait en dot 96.000 livres, savoir 25.000 livres comptant et, 71.000 livres constituées au denier 25, par les sieurs du canal de Briare et produisant 2.840 livres de rente. Elle reçut en outre de S. M. une pension de 2.000 livres.

De son mariage avec elle, Jacques-Charles-Louis du Barail eut les enfants suivants :

1° Louise-Antoinette-Adélaïde ;

2° Henriette-Gabrielle ;

3° Adélaïde-Anne-Charlotte ;

4° Louis-Philebert-Gabriel ;

5° Louis-Charles.

Jacques-Charles-Louis, Marquis du Barail mourut le 4 juin 1773 à Villers-Hélon et fut inhumé dans le caveau seigneurial de l'église du village.

Sa tombe porte ses armes et l'épitaphe suivante en partie mutilée :

> Ci gît Messire Louis-Jacques-Charles du Barail,
> seigneur et vicomte de Villers-Hélon.
> Lieutenant-général des armées du Roi ci-devant
> Commandant dans la Flandre maritime,
> mort le 5 juin de l'année 1773,
> âgé de 65 ans.
> Priez Dieu pour son âme !

Au moment de sa mort, il y avait de ses enfants qui étaient mineurs, il fallut faire une liquidation générale de ses biens.

Le dimanche 25 juillet 1773, on vendit tout ce qui était dans le château : la vente produisit 20.630 livres. La marquise du Barail avait racheté la plus grande partie du mobilier et objets divers mis en vente.

La balance des recettes et dépenses donne les renseignements suivants :

La seigneurie était imposée pour le vingtième à raison de 302 livres 12 sols.

Le revenu annuel était de 4.000 livres environ dans lequel :

Le moulin loué à Pierre Betaucout omptait pour	500
La ferme de la loge Tristème louée au sieur Duval	127
La tuilerie louée à la veuve Jeanne Le Roy	340
La ferme de Villers-Hélon louée au Sr Desmoulins	2.200
En plus deux muids de blé	200
Une terre louée à Antoine Minouflet. . .	89
Les cens divers de la seigneurie : chapons, poules, blé et avoine, produisaient . . .	391

— 72 —

Le château cultivait quelques terres, restait encore le produit des bois (1).

Il fallut penser à la vente du domaine.

Le Mis et sa femme avait dû contracter divers emprunts ; entre autres, le 21 avril 1772, le Mis avait délégué à sa femme le soin d'emprunter 10.000 livres pour acheter une compagnie au vicomte du Barail, leur fils.

La vente ne fut effectuée que 7 années plus tard.

Leurs enfants eurent les destinées suivantes :

1° Louise-Antoinette-Adélaïde, née le 20 novembre 1751, baptisée par Nicolas Robert, curé de Villers-Hélon ; parrain, Mre Antoine du Barail, abbé de l'abbaye royal de Nesle-la-Reposte, ordre des Bénédictins à Villeneuve, son oncle; marraine, Henriette-Louise-Hélène de la Pierre de Bouzies, sa grand' mère. (2)

Elle épousa, vers 1770, Louis-Joseph-Philibert Joly, comte de Bevi, capitaine au régiment du Vivarais, puis colonel d'infanterie, chevalier de St-Louis et commandant les grenadiers de Champagne.

Son père était Joseph Joly, seigneur de Bevi, Boncourt, Flugey, la Berchère, président la chambre des comptes de Bourgogne.

De 1727 à sa mort, arrivée en octobre 1746, — il

---

(1) Lors de la vente du château, 11.000 fagots furent vendus 40 livres le 1000 soit 440 livres, ils avaient coûté à confectionner 105 livres.

(2) Archives de la Commune.

Joly, comte de Bevi : d'azur à la fasce d'or accompagné au chef d'un aigle éployé d'argent et en pointe d'une étoile de même.

s'était marié en 1734 à Marie Portail (qui épousait en deuxièmes noces Abraham-Francois de Migier, seigneur de Savigny-sous-Beaune), — il en avait eu six enfants.

De son union avec Adélaïde-Henriette-Philiberte du Barail, Joseph-Philibert Joly, comte de Bevi, eut les enfants suivants qui naquirent à Villers-Hélon :

1º Charles-Henri de Bevi, né le 3 juin 1771. Parrain : Mre Louis-Jacques-Charles du Barail, son grand'père. Marraine, M^c de Chintré, tante du Sr de Bevi ; curé Potel.

2' Anne-Philebert-Mathurin de Bevi, né le 4 juillet 1773. Parrain, Messire Claude-Mathurin Portail, maitre des comptes au Parlement de Paris, représenté par Mre Louis-Gabriel du Barail, capitaine au régiment Royal de Pologne, cavalerie. Marraine, demoiselle Adélaïde-Phileberte Orry de Fulvy, M^{se} du Barail ; curé Potel.

Les époux paraissent avoir fait de longs séjours à Villers Hélon.

Adélaïde du Barail mourut le 8 juin 1780, à Dijon, âgée de 30 ans, sans laisser d'enfants vivants.

2º Henriette-Gabrielle du Barail épousait à Villers-Hélon, après la mort de son père, le 24 mai 1775, Philippe-Toussaint-René-Joseph de Garnier d'Ericart, sous-lieutenant au régiment Royal Etranger, cavalerie, fils majeur de Mre Ange-Victoire de Garnier, chevalier de l'ordre, R^l et M^{re} de St-Louis, ci devant commandant de bataillon au régiment des Vaisseaux et actuellement major de la place du Quesnoy, et de défunte dame Thérèse-Jeanne Lelon. La bénédiction était donnée par le curé de Villers-Hélon, Potel, ancien précepteur de la famille, en présence de sa mère, de Gabrielle du Barail, vicomtesse de Condé, sa tante, de Mre Louis, vicomte du Barail, son frère, du comte de Bevi et dame de Barail, ses beau-frère et sœur, et de Mre de Beaurecueil maître de requêtes au Conseil d'Etat, son bel oncle maternel. (1)

Le 22 mai 1777, les deux époux achetaient à Mre Paul de Vanel, chevalier, capitaine au corps royal d'artillerie et chevalier de St-Louis, et à Madame Marie-Renée Vincent du Chastel, son épouse, le fief de Chevreux, paroisse St-Jacques (St-Jean-des-Vignes) de Soissons, comprenant le château, jardin, parterre, quelques pièces de terre, puis un certain nombre d'arpents en roture, le tout pour 60.000 livres dans lesquels le mobilier et objets garnissant le château entraient pour 25.000 livres.

Le Sr de Garnier et sa femme avaient dû faire des emprunts pour solder cette acquisition qu'ils gardèrent jusqu'au 15 mai 1816, date à laquelle elle fut vendue à l'audience des criées du tribunal civil de Soissons rendue sur poursuites de saisie immobilière.

3° Adélaïde-Anne-Charlotte, dite de Brieul, née le 31 mars 1756 à Dunkerque, qui atteint sa majorité le 8 juin 1781, elle était à cette date au couvent des religieuses Feuillantines à Paris, rue et paroisse St-Jacques du Haut-Pas.

5° Louis-Charles, chevalier du Barail, capitaine au régiment du Vivarais en 1780.

(1) Archives de la commune.

Garnier, Ile-de-France ? d'azur au chevron d'or chargé de 3 étoiles de sable et accompagné en chef de deux trèfles du second et en pointe d'une foi de carnation.

4º Louis-Philebert-Gabriel, vicomte du Barail, qui épousait, après le mariage de sa sœur, Marie-Elisabeth-Victoire-Josèphe Garnier, sœur de son beau-frère.

Le contrat était passé devant le notaire Renversé, de Valenciennes, le 20 mai 1775. (1)

Il est assisté de Jean-Baptiste du Barail, son cousin, fondé de pouvoir de sa mère, du côté de la future, Louis-Joseph Gafféart, muni de la procuration de son père, le Sr Garnier, demoiselles Louise, Agnès, Joseph et Pétronille Lelon, ses tantes ; Marie-Angélique-Thérèse Josèphe Garnier, sa sœur ; Philippe-François Joseph Lelon de Meaul, son oncle ; Philippe-Toussaint-René-Joseph Garnier, son frère.

Le futur époux apportait : 1º la part de fortune qui lui appartenait, comme fils aîné, dans la terre de Villers-Hélon, telle que la coutume le régit et le S^{re} défunt.

2º Une somme de 10.000 livres, employée à acheter une compagnie de cavalerie, dont le futur est pourvu ;

3º Une pension de 1.200 livres sur le trésor public.

Sa future apportait 40.000 livres dans lesquels entre le neuvième d'un intérêt dans les fosses de charbon d'Anzin dont le revenu annuel est de 2.000 livres et la valeur au capital de 40.000 livres, de ce mariage naquit :

1º A Villers-Hélon et baptisée le 17 novembre 1776, demoiselle Renée-Victoire. Parrain : Antoine du Barail, abbé de Nesle la Reposte, représenté par Messire Philippe Toussaint, René-Joseph

(1) Archives de l'Aisne, E. 26.

de Ricart, officier de cavalerie ; Marraine : demoiselle Renée-Agnès-Josèphe Lelon, représentée par demoiselle Angélique de Garnier de Ricart; curé Potel.

2º Aglaé-Adélaïde-Joséphine, née le 17 juillet 1778 et baptisée le lendemain.

Parrain : Philippe-François-Joseph Lelon, seigneur de Meaul, représenté par Messire Philippe Toussaint, René-Joseph de Garnier; Marraine : dame Adélaïde-Henriette-Phileberte Orry de Fulvy, veuve du défunt le Marquis du Barail, lieutenant-général des armées du Roi ; curé Potel.

3º Marie Gabrielle-Sophie, née et baptisée le 22 juillet 1780. Parrain : Marie-Gabriel Le Danois, Marquis de Cernay, lieutenant-général des armées du Roi, gouverneur de la ville du Quesnoy, seigneur de Raismes, représenté par Messire Toussaint, René-Joseph de Garnier, seigneur de Chevreux ; Marraine : dame Henriette-Gabrielle du Barail, son épouse ; curé, Potel (1).

Le 16 octobre 1780, devant Rigaux et son confrère notaire à Soissons, par les soins de Trudon, notaire à Paris, eut lieu la vente de la terre, seigneurie et vicomté de Villers-Hélon.

Etaient représentés :

1º Le Marquis du Barail et sa sœur Adélaïde-Anne-Charlotte du Barail, de Brieul;

2º Louis-Charles, chevalier du Barail, capitaine au régiment du Vivarais.

3º Louis-Philippe Joseph Joly, comte de Bevi, chevalier, seigneur de Marsonnat, mestre de camp, commandant du régiment de grenadiers royaux de

(1) Archives de la commune.

la province de Champagne et son épouse Louise-Antoinette-Adèle du Barail ;

4° Messire Philippe Toussaint, René de Garnier, d'Ericart, chevalier, seigneur de Soron, Chevreux, anciennement officier au régiment royal étranger et d'Henriette-Gabrielle du Barail, son épouse.

Ils vendaient à Antoine Le Pelletier, seigneur de Liancourt, ancien capitaine d'artillerie et à son épouse Luce-Louise Longvillers de Poincy, la terre, seigneurie et vicomté de Villers-Hélon, telle qu'elle est énoncée dans la vente précédente effectuée 72 ans auparavant.

Figurait en plus la tuilerie.

Le prix en était de cent quatre-vingt-dix neuf mille livres francs deniers.

Le contrat indiquait cette fois, les portions de ladite somme représentant la valeur des terres relevant des seigneuries suzeraines.

Elle se divisait ainsi :

2.000 livres pour Monseigneur le duc d'Orléans.

177.000 livres pour ce qui relève de la baronie de Bazoches.

1.000 livres pour le fief Courtin.

9.500 livres pour les terres en roture.

500 pour les terres en roture à Violaine.

Indépendamment des anciens titres, terriers ceuillerets, etc., il était remis aux acquéreurs, l'arpentage fait le 11 avril 1741 du domaine par Avite Charier, arpenteur à Soissons.

Le prix de vente recevait à deux reprises des répartitions différentes, la Marquise douairière du Barail ayant renoncé à ses avantages à la deuxième.

La part revenant aux divers enfants, les dettes payées, était modeste même pour l'aîné.

— 78 —

À leur tour, les du Barail quittaient Villers-Hélon cette fois, faute d'avoir la fortune nécessaire pour continuer à y habiter (1).

Famille Le Pelletier de Liancourt

<small>Antoine Le Pelletier de Liancourt 1789 1792.</small>

Antoine Le Pelletier de Liancourt qui prenait possession de la seigneurie et du domaine de Villers Hélon, était un ancien officier d'artillerie.

Sa famille avait rendu à l'Etat pendant les règnes de Louis XIV et Louis XV des services importants dans l'arme de l'artillerie et y avait obtenu les premiers grades.

Son père, Louis-Auguste Le Pelletier était lieutenant-général des armées du Roi, inspecteur d'artillerie. Son grand'père, Laurent-Michel était lieutenant-général de l'artillerie au département de Bretagne. Son arrière grand'père, Michel, était garde général de l'artillerie de France.

Son père, Louis-Auguste Le Pelletier avait épousé Jeanne-Françoise Mairesse, fille de feu Louis Mairesse, commissaire des gardes du corps et de Catherine Le Caron.

(1) On s'est demandé si les généraux Prévot du Barail, avaient des liens de parenté avec le général du Barail, ministre de la guerre en 1873.

Ils ont même pays d'origine, un nom commun qui paraît indiquer une alliance entre eux.

Les armes sont différentes, les ancêtres du ministre se sont distingués comme conseiller, trésoriers des revenus casuels des ducs de Lorraine.

Louis Mairesse était filleul du Roi Louis XIV et de la Reine Anne d'Autriche.

Dans ses mémoires, Louis-Auguste Le Pelletier s'exprime ainsi sur son fils (1) :

« Ma femme accoucha le 13 octobre 1738 d'un deuxième fils nommé Antoine, baptisé à l'église Saint-Jacques de Compiègne, il fut tenu sur les fonts de baptême au nom de Mr Michel-Antoine de Bourdaize de Monteran (fils de la sœur de mon père), conseiller au conseil souverain des Isles de la Guadeloupe, ce qui fit sa fortune, car ce fut par cette qualité de son filleul, que Mr de Bourdaize le fit légataire universel de tous ses biens.

« En 1755, Michel-Antoine de Bourdaize qui avait vendu tous les fonds et effets de la succession de sa mère et avait acheté plusieurs habitations à la Guadeloupe, me demanda de lui envoyer son filleul, le chevalier de Liancourt qui était officier pointeur à l'Ecole de La Fère que je commandais. (2)

« Je reçus des lettres pressantes de deux personnes de ce pays, m'annonçant que mon cousin était fort malade ; mon fils partit de Bordeaux, il devait faire le voyage en six semaines et fut trois mois battu des vents.

« Enfin, il aborda à la Guadeloupe et la première nouvelle qu'il apprit fut que Mr de Bourdaize y

(1) Mémoires de L.-A. Le Pelletier, p. 75.
Le Pelletier de Liancourt : d'azur à la fasce d'argent chargée d'un croissant de gueules accompagné de trois étoiles d'or.

(2) Mémoire de L.-A. Le Pelletier, p. 142 et 143.
Longvilliers de Poincy : de gueules à l'aigle membré d'or, placé sur un écu écartelé au premier et quatrième d'or à la croix ancrée de gueules et au deuxième et troisième d'azur à la croix d'or.

était mort il y avait cinq jours, mais qu'il l'a fait son légataire universel, par son testament du 28 mai 1751.

« Mon fils eut très peu après une compagnie de canonniers-bombardiers et se distingua lors de la descente des Anglais à la Guadeloupe et après la prise de cette Isle, il se retira à la Martinique.

« A 17 ans, il avait par l'inventaire de son cousin 1.723.000 livres de biens et était canonnier dans son Isle. Sans la guerre avec les Anglais, quelle fortune n'aurait-il pas faite ?

« Il se maria au mois de mai 1761 avec Mademoiselle de Longvilliers de Poincy, fille du gouverneur de la Martinique, petite-nièce de Mr de Longvilliers de Poincy, chef d'escadre, Bailly, grand-croix de l'Ordre de Malte et gouverneur des Isles-sous-le-Vent qui avait conquis l'isle de St-Christophe et autres isles. Ils sont alliés aux Choiseul et à beaucoup de grandes maisons de la Cour. »

« Si la fortune d'Antoine Le Pelletier de Liancourt eut à souffrir de la guerre avec les Anglais, elle resta néanmoins considérable. Il conserva à la Guadeloupe l'importante habitation de Beau-Soleil et acquit en France deux grandes terres, la vicomté de Villers-Hélon, en Valois et celle de Crécy-au-Mont, située près de Coucy-le-Château, en Soissonnais (1). »

Sa femme mourut le 23 septembre 1784 et fut inhumée dans le caveau de l'église de Villers-Hélon; curé Potel, en présence de Mr Pélerin de Chanteraine (2), des curés des environs et de tous les habitants de Villers-Hélon (3). On voit encore dans la

---

(1) Mémoires de L.-A. Le Pelletier, p. 143.
(2)   id.   id.   p. 144.
(3) Archives de la commune.

chapelle de la Vierge la plaque de marbre noir portant ses armes et celles de son mari, ainsi que cette inscription :

Ci gist
Dame Luce-Louise Lonvilliers de Poincy de Bénévent,
épouse de Messire Antoine Le Pelletier,
chevalier, ch^{ier} de l'Ordre royal et M^{re} de St-Louis,
ancien commandant de l'artillerie
dans les colonies, seigneur et vicomte
de Villers-Hélon, Liancourt.
Ladite dame décéda le 23 septembre 1784,
âgée de 41 ans.
Priez Dieu pour son âme !

De son mariage, il avait eu :
1° Louis-François ;
2° Louis-Antoine ;
3° Jean-Marie ;
4° Félix-Philippe ;
5° Louise-Elisabeth.

Il épousa en deuxièmes noces demoiselle Marie Anjorrant, d'une famille de parlementaires, veuve de du Plessis de Montmort, comte de Glaignes.

On le voit figurer au procès-verbal de l'assemblée générale des trois ordres du Bailliage de Soissons, le 10 mars 1789.

Il dut quitter la France pendant les temps troublés, le château de Villers-Hélon et la seigneurie furent mis sous séquestre.

La vente des diverses parties du domaine commença à partir du 17 mai 1791 jusqu'au 4 messidor an 3, date à laquelle le château fut vendu à des agents d'une bande noire pour un prix en assignats très élevé mais en réalité fort minime en raison de la dépréciation des assignats. (1)

L'orage passé, Antoine Le Pelletier retourna à la Guadeloupe.

Il mourut âgé de 68 ans, le 8 juillet 1816, à la Basse-Terre (Guadeloupe) étant membre du conseil privé de l'île.

Il fut enterré dans le caveau de Pelletier (Beau-Soleil).

Ses enfants eurent les vies suivantes :

1° Louis-François Le Pelletier de Liancourt, chevalier, vicomte de Crécy-Au-Mont et de Villers-Hélon. Après avoir servi successivement dans l'état-major du régiment du Roi, infanterie, et des Gardes-Françaises, est mort en émigration.

Villers-Hélon lui avait été destiné, peut-être même lui avait été cédé au moment de son mariage.

Il est indiqué, le 20 juillet 1793, comme y ayant son domicile et comme ayant émigré le 6 juillet 1792, date à laquelle son absence a été constatée officiellement.

Il avait épousé Marie-Charlotte de Bonnaire de Forges, fille de l'intendant des domaines de la Couronne.

A l'âge de 21 ans, elle fut une des victimes de la Révolution ainsi que sa mère, Marie-Claude-Emilie Hariage de Guberville, veuve de Mre de Bonnaire de

---

(1) Le prix du domaine et du château s'éleva à 519.000 livres en assignat, valant à la date de la dernière vente 14,000 et 99 livres

Anjorrant d'azur à 3 lis de jardin d'argent, fleuris d'or tigés et feuillés de sinople.

Bonnaire de Forges : de gueules au chevron d'or accompagné de trois besans de même.

Forges et son grand-père maternel, Hariage de Guberville, qui avait présidé la Chambre des requêtes du Parlement de Paris et en était président honoraire.

2° Louis-Antoine, vicomte Le Pelletier, devint capitaine de frégate de la marine royale, chevalier de St-Louis, il avait épousé en 1798 Marie-Anne Gaigneron de Morin. Sa mort eut lieu en 1842 à la Martinique.

3° Jean-Marie Le Pelletier de Monteran, chevalier, capitaine au corps royal de l'artillerie, chevalier de St-Louis, mort à Paris, vers 1843.

4° Félix-Philippe Le Pelletier des Tournelles, attaché à la marine royale et devenu conseiller au Conseil supérieur de l'île de la Martinique. Il épousa Marie-Elisabeth-Céline Baillardel de Lareinty, née vers 1730 et morte en 1834 à Fort-Royal, d'où la descendance féminine des comtes et vicomtes du Boberil.

5° Louise-Elisabeth Le Pelletier, mariée à Gilles-Charles de Maupéou, comte d'Ableges, ancien officier des Gardes-Françaises, devenu député de la colonie de la Martinique, d'où descendance directe.

La famille Le Pelletier est actuellement représentée dans sa ligne masculine par la descendance de Louis-François Le Pelletier de Glatigny, frère puiné d'Antoine Le Pelletier de Liancourt qui fut créé baron par Louis XVIII. Elle habite Silly-la-Poterie. Compiègne, etc.

CHATELAINS DE VILLERS-HÉLON

Famille Collard (1)

Comte de Ribbing — Après le 9 thermidor, le comte de Ribbing put rentrer en France où il acheta, à très bas prix, trois ou quatre châteaux et deux ou trois abbayes ; au nombre des châteaux étaient Villers-Hélon, Brunoy et Quincy.

Le comte avait fait toutes ces acquisitions sur simples recommandations, soit de ses amis, soit de son notaire. Villers-Hélon, entre autres, lui était parfaitement inconnu.

Un beau matin, il résolut d'aller visiter cette charmante propriété qu'on lui avait beaucoup vantée.

Malheureusement, le moment était mal choisi pour en apprécier tous les charmes.

Un arrêté de la commune de Villers-Hélon avait livré le château à une association de cordonniers qui exécutaient des souliers pour l'armée.

Les honorables disciples de St-Crépin s'étaient, en conséquence, emparés du domaine, avaient établi leurs ateliers dans les salons et dans les chambres et pour la plus grande facilité de communi-

(1) Extrait des souvenirs contemporains et des mémoires d'Alexandre Dumas.

cations ils avaient pratiqué des ouvertures dans les plafonds.

Quand c'était une communication orale qu'ils avaient à faire, elle s'opérait de cette façon par les judas sans que celui qui avait à faire cette communication eut besoin de quiter sa place.

Quand c'était une visite à accomplir de bas en haut ou de haut en bas, des échelles appliquées aux ouvertures économisaient les tours et détours que nécessite un escalier. On comprend que de pareils locataires nuisaient fort à l'aspect du château que venait d'acheter le comte, aussi, tout effrayé de la vue et surtout de l'odeur, s'enfuit-il précipitamment à Paris.

Quelques jours après, il racontait, avec l'esprit qui lui était particulier, sa mésaventure devant Mr Collard, alors attaché à la fourniture des armées.

Mr Collard, plus habitué que le noble proscrit à l'appréciation des choses matérielles, lui offrit alors de reprendre son marché.

Mr Jacques Collard
170 1838.

Mr de Ribbing y consentit et Villers-Hélon devint à partir de ce moment la propriété de Mr Collard.

Arrivé du fond de sa Gascogne, pauvre de biens, Mr Collard avait été mis par M. de Talleyrand sur le chemin de la fortune.

Il était grand, élégant : il se maria après le 9 thermidor. Arrêté comme Girondin, la mort de Robespierre l'avait sauvé.

Madame Collard Hermine-Fortunée était fille d'un anglais, le colonel Compton, elle avait neuf ans et portait encore le deuil de son père quand Dieu lui enleva sa mère.

Me de Genlis, alors gouvernante des enfants de

Mgr le duc d'Orléans, fut la providence de la pauvre petite orpheline, elle l'accueillit à son arrivée en France et lui fit partager les leçons de sa royale élève, Mademoiselle d'Orléans.

Mᵉ de Valence, fille de Mᵉ de Genlis, prit chez elle la jeune Hermine, ajouta au don d'une éducation parfaite, le bienfait d'une intime affection, se fit la sœur de ses bons et mauvais jours, et reçut, avec son dernier soupir, sa dernière pensée.

Mademoiselle Hermine Compton était à 18 ans une délicieuse jeune fille, petite mais gracieuse, avec des cheveux plus noirs que la plume d'un corbeau, des yeux bien doux, quand ils n'étaient pas bien vifs, une bouche nonchalante et un petit nez mutin.

Mʳ Collard, ami de Mᵉ de Genlis, la vit et se prit à l'aimer comme un fou.

Alexandre Dumas dit, dans ses mémoires, que comme Mʳ Collard avait été nommé son tuteur à la mort de son père, il avait pu voir Mᵉ Collard encore jeune, c'est-à-dire à l'âge de 30 à 32 ans.

Il était impossible de réunir une si parfaite distinction de manières à une si haute dignité de gestes et de façons, plus de grâces hospitalières que ne le faisait Mᵉ Collard.

Fournisseur des armées de la République sous le Directoire, Mʳ Collard augmenta beaucoup sa fortune. Il le dut encore au Prince de Talleyrand

---

Compton en Angleterre : écartelé au 1ᵉʳ et 4ᵉ de sable au lion passant d'argent accompagné de 3 casques d'argent, deux en chef et un en pointe, au 2ᵉ palé d'or et d'azur au franc quartier d'hermines au 4ᵉ de France, écartelé d'Angleterre, supports un dogue herminé et un cerf semé de billettes.

qui devint le parrain de son fils Maurice, il choisit la belle princesse Borghèse pour commère ; cette délicieuse sœur de Napoléon n'était encore que Mᵉ Leclerc et habitait le château de Montgobert, voisin du château de Villers-Hélon que venait d'acheter Mʳ Collard ; le baptême s'y fit.

Mᵉ Leclère venait souvent voir ses amis sans prévenir. On ne savait son arrivée que par la présence d'un petit nègre qui l'accompagnait et se couchait à la porte de sa chambre.

Lors de la nouvelle constitution de l'an VIII, donnée à la France les 12 et 13 décembre 1799, M. Collard avait été membre du Corps législatif. L'an 12, 18 janvier 1804, il était nommé membre du conseil de fabrique de l'église.

Le dimanche 4 prairial an 12, 10 juin 1804, les fabriciens et les habitants de Villers-Hélon réunis donnèrent à Mʳ Collard une preuve de leur gratitude pour s'être distingué par ses bienfaits. Ils décidèrent que lui et sa famille conserveraient à perpétuité le banc qu'ils occupaient à l'église et qui était l'ancien banc seigneurial. (1)

En 1807, il obtint la concession d'un oratoire domestique dans le château qui avait toujours possédé une chapelle.

Sous l'empire, Mʳ Collard ne quittait guère Villers-Hélon que pour les réunions du corps législatif.

N'ayant pas de goûts, mais de véritables passions dont la durée n'égalait pas la violence, il s'était fait propriétaire avec fureur.

Il avait beaucoup augmenté l'importance territoriale de l'ancienne seigneurie.

(1) Archives de l'église.

Pendant deux ans, il planta des jardins, des vergers, des bois, des routes, des garennes, puis il fut à Chantilly, vit les établissements de mérinos et eut la moutomanie pendant près de cinq autres années.

Tous les bâtiments d'exploitation se métamorphosaient en bergeries, les champs en prairies artificielles.

La houlette redevint le sceptre de ce nouvel âge d'or et si les moutons étaient admirables, les bergères étaient charmantes et pouvaient les faire oublier.

Mᵉ Collard, qui n'aimait ni les moutons ni les bergères, attirait des voisins et des amis. élevait ses enfants, passait son printemps à regretter Paris et son automne à l'espérer.

Elle maria ses trois filles de bonne heure.

1º Edmée-Caroline-Fortunée-Alexis, l'aînée était belle, d'une beauté calme qui plaisait plus au cœur qu'aux yeux, pleine d'aménité, de grâces, de solides et attachantes qualités, épousa à Villers-Hélon, le 9 novembre 1814, le Baron Antoine-Laurent Capelle, officier de la légion d'honneur, chevalier de l'ordre de la Réunion, major au corps royal de l'artillerie (1).

Ses témoins étaient le baron H.-Dominique Lallemand, maréchal de camp d'artillerie, chevalier de Saint-Louis et commandeur de la légion d'honneur, demeurant à Paris et Mʳ Anselme d'Outremont, chef de bataillon d'infanterie et membre de la légion d'honneur.

Les témoins de l'épouse, Pierre-César-Charles Guillaume, marquis de Sercey, vice-amiral de

(1) Archives de la commune et de l'Eglise.

France, grand officier de la légion d'honneur et chevalier de Saint-Louis, demeurant à Paris, et le vicomte Charles des Fossés, ancien capitaine de cavalerie, chevalier de la légion d'honneur et de Maximilien, demeurant à Coucy-le Château.

Mr Collard était alors président du Canton de Villers-Cotterêts, maire de Villers-Hélon.

Le mariage y fut célébré dans l'église, au milieu de tous les amis de la famille, habitant les environs.

Le desservant était l'abbé Leclerc.

Plus tard devenue veuve elle épousa Mr de Coëhorn, la descendance de son premier mariage est représentée par la famille de Violaine ;

2º Hermine, moins âgée de 2 ans, ressemblait à sa mère, rien n'était plus gracieux que sa physionomie si ce n'était son esprit.

Elle animait la maison par sa vivacité.

Elle épousa en 1817, le Baron de Martens, prussien et diplomate.

Ce fut ainsi qu'étant à Florence, Horace Vernet, fit son portrait en qualité de compatriote. Ses descendants sont les familles Albrech et Delbruck.

4º Louise-Jacqueline, la cadette ne pouvait se comparer qu'à la plus suave des roses mousseuses. Cette belle et rieuse enfant de quinze ans, quitta sa poupée pour jouer à la madame. Elle épousa le 7 octobre 1820, M. Paulin Garat, fils du baron Garat, directeur général de la Banque de France et de Charlotte Gebaux, sa femme.

Les témoins du mariage furent le baron Louis Vallin, maréchal de camp et armées du roi, chevalier de Saint-Louis et de la couronne de fer, commandeur de la légion d'honneur, beau-frère de l'époux, demeurant à Paris, et le baron Pierre Daumesnil, maréchal de camp, officier de la légion d'honneur et chevalier de la couronne de fer, aussi son beau-frère, et le baron Antoine-Laurent Capelle, officier de la légion d'honneur, chevalier de Saint-Louis, lieutenant-colonel au corps royal de l'artillerie, demeurant à Douai, beau-frère de l'épouse, et le baron Alexandre de Talleyrand, conseiller d'Etat, officier de la légion d'honneur, prefet du département de l'Aisne, ami et témoin (1).

Le mariage fut célébré en l'église de Villers-Hélon par l'abbé Leclerc, curé du village. D'où la descendance des familles Sabatié.

3° Quant à Maurice qui avait pris le parti de ne rien faire, il se maria à Demoiselle Blanche-Augustine de Montaigu, d'une famille originaire du Poitou et connue dès le XI° siècle.

Par ses alliances avec les Maillé-Brezé, elle allait rendre son époux parent du Prince de Condé et des premières familles du Soissonnais (2). Son père était Louis-Gabriel Sophie, comte de Montaigu, ancien colonel de cavalerie, et sa mère Charles-Félicité-Charlotte de Maillé.

De ce mariage naquirent deux enfants :
1° Delphine-Valentine ;
2° Arthur-Henri.

(3) Le 2 septembre 1822, M° Fortunée-Elisabeth Hermine de Compton mourait au château, à l'âge

---

(1) Archives de la commune et de l'Eglise.

(2) Montaigu : d'azur à deux lions d'or debout l'un derrière l'autre, armés lampassés de gueules et couronnés à l'antique d'argent.

(3) Archives de la commune.

de 45 ans. Elle était enterrée sous une pyramide de pierre, placée à côté de la chapelle sépulcrale, bâtie par M. Collard, à l'extrémité sud-ouest des grands prés.

Après la mort de sa femme, M. Collard confia le soin de sa maison à ses filles qui venaient alternativement peupler sa solitude.

A l'époque du sacre de Charles X, M. Collard reçut avec bonheur le Prince de Talleyrand, la cour, les jardins furent illuminés, après le dîner on fit passer devant les fenêtres du salon, les magnifiques troupeaux des trois fermes.

Dans le mois d'août 1829, il eut la visite de la famille d'Orléans pour laquelle il avait un culte d'amour et de vénération. Le duc et la duchesse d'Orléans avaient amené avec eux le duc d'Aumale, le prince de Joinville et Mademoiselle d'Orléans.

Au moment où le choléra fit son apparition en France, il n'épargna pas Villers-Hélon. M. Collard fit venir un jeune médecin de Paris, transforma son château en pharmacie. On portait des secours, consolait les familles. Un grand nombre de malades furent guéris, d'autres préservés. Le curé, l'abbé Dufour se conduisit en apôtre.

Le 18 septembre 1836, furent bénites par le curé doyen de Villers-Cotterêts, deux cloches de l'église.(1)

La première sous le nom d'Hermine : parrain, M. Elmore, marraine, baronne de Martens.

La deuxième, sous le nom de Marie : parrain, Maurice Collard ; marraine, Mademoiselle Capelle.

Le baptême des deux cloches qui allaient changer en des voix fraiches et sonores, la voix cassée

(1) Archives de l'Eglise.

— 92 —

du vieux clocher, devint une occasion de fêtes et de réunion.

Mʳ Jacques Collart meurt le 30 août 1838, âgé de 80 ans et 7 mois. (1)

Il était fils de Claude Collard, inspecteur des ponts-et-chaussées et de Madeleine Dudot, il était né à St-Privat, arrondissement de Metz. Il était chevalier de la Légion d'honneur.

<small>Maurice Collard 1838 1848.</small>

Maurice Collard avait reçu de son père, en héritage anticipé, le château et sa ferme. Il continua à vivre la vie de gentilhomme campagnard.

Pendant la guerre de 1870, il fut chargé d'administrer les intérêts de la commune ; il eut ainsi à recevoir des troupes allemandes. L'état-major logea au château. La commune n'eut à souffrir que des réquisitions ordinaires.

Il avait acheté à ses neveux et nièces de Violaine la ferme neuve située dans le village.

Il voulut exploiter lui-même la culture de ses terres et dut, par suite, faire de gros emprunts au Crédit Foncier de France.

Ni lui ni sa femme n'avaient les qualités propres à réagir contre l'entraînement d'une situation qui n'était plus celle de leur père.

Sa femme, Blanche-Marguerite de Montaigu, meurt le 18 juin 1878, âgée de 65 ans. (2)

Un vitrail de la chapelle de la Vierge à l'église de Villers-Hélon porte son nom il représente l'Assomption de la Vierge.

Mʳ Collard, étant veuf, reçut des offres avanta-

(1) Archives de la commune.

(2) id.

geuses pour la vente à l'amiable du château et du domaine de Villers-Hélon, mais ne put s'y décider.

Ce fut ainsi que, sur les poursuites en expropriation du Crédit Foncier et de divers autres créanciers, le château et le domaine furent mis en vente à l'audience des criées du tribunal de première instance de Soissons, le 13 décembre 1883 et adjugé à M. Gustave-Henri-Louis Pelletier, avocat, demeurant à Paris.

La vente du mobilier eut lieu pendant plusieurs jours.

Maurice Collard alla se réfugier dans la maison appartenant à Me de Martens et placée en face et à l'extrémité de l'avenue du château.

Ce fut là qu'il termina ses jours à l'âge de 84 ans, le 21 mars 1886. (1)

Durant sa vie, il avait eu à soutenir de nombreux procès et il a ainsi passé pour avoir l'humeur chicanière. Ses enfants eurent les existences suivantes :

1° Delphine-Valentine, née le 24 décembre 1836, baptisée (2) le 23 janvier 1837. Parrain : Jacques Collard, aïeul ; marraine : Delphine Blanche-Augustine de Montaigu, épouse de Mr de Bongars, tante de l'enfant ; curé Dufour.

Elle fut mariée à François-Henri-William Nisbett, officier dans la royale artillerie d'Angleterre, qui mourut à Londres, le 14 octobre 1879, à 45 ans.

Elle meurt à Villers-Hélon, le 28 octobre 1889, à 53 ans et 11 mois, après avoir connu les mauvais jours de sa famille.

(1) Archives de la commune.
(2) Archives de l'église.

Elle avait fait don à l'église de Villers-Hélon des ornements d'église et d'autel qui lui appartenaient dans la chapelle sépulcrale de sa famille. (1)

Elle avait occupé ses loisirs à apprendre aux jeunes filles du village les principes de musique et de chant.

2º Arthur-Henry, né le 28 février 1838, fut baptisé à Villers-Hélon, le 15 mars (2); curé Dufour. Parrain : Auguste-Louis-Gabriel Sophie, comte de Montaigu, aïeul, représenté par le comte Charles-Esprit-François Charpentier; et marraine : dame Augustine, comtesse de Montaigu, tante, représentée par demoiselle Marie-Fortunée-Aimée Capelle, cousine.

Il dut chercher fortune en Algérie, devint administrateur d'une commune, et meurt en 1906.

Famille Pelletier

<small>Henri-Louis Pelletier 1884 1897.</small>
Le nouveau propriétaire du château et du domaine de Villers-Hélon était marié à demoiselle Antoinette-Louise-Barbier, ils avaient à cette époque un fils et une fille.

Mr Pelletier avait à Paris un cabinet de généologie très documenté qui lui permettait de tirer des revenus considérables de la recherche des successions en déshérence et des héritiers qui pouvaient y prétendre.

C'était un homme de goût, aimant la campagne et ses plaisirs.

(1) Archives de l'église.
(2)   id.

Sa femme était une compagne distinguée de traits et de manières.

Le château était délabré, il s'occupa de le remettre en état tout en lui conservant l'aspect que les âges lui avait donné.

Seules les douves furent éloignées des murs du château.

Il augmenta les jardins potagers et les pourvût d'espaliers et de serres.

Il fit divers dons de terrain à la commune et contribua à l'amélioration du chemin communal passant devant le château.

A la naissance de son dernier enfant, Henri-Jules-Victor, il reconstitua dans son état primitif l'extrémité du transept du maître-autel de l'église et la garnit de vitraux. On y lit son nom et la date du 12 août 1884. Il mourut le 30 janvier 1897.

Par suite du partage, M⁰ Pelletier se trouva propriétaire du château, mais ne pouvant ni l'habiter ni l'utiliser, elle dut le mettre en vente avec le domaine qui l'accompagnait.

Après trois adjudications sans résultat, ils furent vendus à l'amiable, le 16 novembre 1900, à M⁰ Antoine-Maurice de Chauvenet, général de division, commandant la 23ᵉ division d'infanterie, à Angoulême, et à sa femme, Aimée-Louise-Marie Sieyès, tous deux originaires du département de l'Aisne et y ayant une nombreuse parenté.

Antoine-Maurice de Chauvenet Louise-Marie Sieyès 1900.

Chauvenet, de gueules à deux gerbes d'or posées en fasce. Sieyès, d'argent à un pin de sinople terrassé de même ; au franc quartier senestre d'azur, chargé en chef à senestre d'une tête de Borée d'or soufflant d'argent.

HISTOIRE DU CHATEAU

Le château de Villers-Hélon entouré de ses grands arbres n'est visible que pour ceux qui passent devant la cour d'entrée.

Alors, il apparaît avec sa façade Louis XVI. Les personnes qui ne vont pas au-delà peuvent dire que c'est un château moderne.

Lorsqu'on en fait le tour, et qu'on entre dans l'intérieur, il est facile de constater qu'il est ancien. Composé de parties différentes et portant les traces de nombreuses modifications résultant du goût des temps et de ses chatelains.

Il est de tradition que le fondateur du village Hélon de Villers, a jeté les premières assises du château en profitant des dispositions du terrain qui permettait d'y créer un logis fossoyé, c'est-à dire entouré de douves remplies d'eau.

Actuellement, le plus ancien titre où il est fait mention du châtel et de ses dépendances est de 1567.

Le château a la forme d'un redan très ouvert à branches inégales, dont le saillant est tourné vers le Nord. La tour de la chapelle placée à la pointe, flanque les deux côtés.

Ces derniers, loin d'être en ligne droite, présentent surtout dans la branche ouest de nombreux ressauts, résultant des constructions successives.

Un bâtiment à mansardes, accolé à l'extrémité ouest du château forme la cour d'entrée. Le tout est dans une île à laquelle on n'accède que par deux ponts et une passerelle.

La portion centrale est la plus ancienne, et se signale par l'épaisseur de ses murs.

Les poutres et poutrelles de la salle d'entrée et de l'étage au-dessus sont sculptées et remontent au xve siècle. La chapelle est de la même époque.

Les façades nord et est avec leurs tourelles en encorbellement datent de la fin du xvie siècle.

La plus grande irrégularité existe dans l'intérieur des pièces.

M. Le Pelletier de Liancourt, sous Louis XVI a refait la façade sud au goût du temps. L'épaisseur des murs a été diminuée de ce côté.

On lui doit le salon avec ses boiseries sculptées, les peintures d'Hubert Robert, actuellement dispersées, dont la plus importante reproduisait l'Accident et les autres servant de dessus de porte, des jeux d'enfants.

M. Maurice Collard fit remplacer par des ardoises les tuiles des toitures. Son beau-frère, le Marquis de Montaigu a peint pour la salle à manger d'agréables panneaux, représentants des oiseaux divers.

M. Pelletier éloigna les eaux qui baignaient les façades nord, est et ouest, il ne fut plus possible comme auparavant, de pêcher des fenêtres du salon.

Il fit enlever la toiture de la tour de la chapelle et remplacer par une terrasse avec balustrade de pierre ajourée.

On lui doit dans la salle d'entrée, la cheminée

monumentale, copiée d'une cheminée de Francfort.
Ce château, très délabré au moment de l'acquisition, fut remis dans un état parfait.

Le parc dessiné dans le goût de Trianon, sans doute, par Hubert Robert, est dû à M. Le Pelletier de Liancourt, beaucoup d'arbres y datent aussi de Jacques Collard.

En sortant du château, on entre dans les grands prés, dont le gazon en pente douce est rayé çà et là par des lignes alternatives de vieux noyers et de pommiers. A gauche, dort l'étang sous sa parure de tilleuls, plus loin court le ruisseau sur un lit de cresson ; au-dessus on aperçoit l'église et une partie du village de Monseigneur Hélon.

TABLE DES MATIÈRES

	Pages
Avant-Propos	1
Hélon de Villers, 1135-1165	3
Josselin ou Gosselin de Villers-Hélon, 1181	6
Adam, chevalier de Villers-Hélon, 1165-1220	7
Jean de Villers, 1214-12	10
Raoul de Cœuvres, 1239-1254	11
Gérard, chevalier de Villers-Hélon, 1242	13
Gilles dit Corrette de la Fou, 1266	13
Huart, chevalier de Villers-Hélon, 1268	14
Milon de Villers, 1268	15
Jean de Villers-Hélon dit du Moustier	16
Adrien de Gernicourt	21
Antoine de Roye, 1489-1515	23
Charles de Roye, 1515-1551	24
Louis Ier de Bourbon, prince de Condé, 1551-1569	25
Henri Ier de Bourbon, 1569-1589	26
Henri de Bourbon II, prince de Condé, 1587-1604	26
Maximilien de Béthune, duc de Sully, comte de Muret, 1621-1672	26
François Courtin, seigneur de Brucelles, 1632-1634	27
M^{re} Le Cirier, 1487-1575	28
Robert Le Cirier, 1534	29
Anne Le Cirier et Guillaume Courtin, 1556	29
Jean Courtin, 1623	30
René Courtin, 1634	32
Pierre de Gernicourt, 1483-1522	34

	Pages
Simon de Dargies et Antoinette de Gernicourt, 1526	34
Louis-François Dargies, Françoise de Launoy . .	36
Charles de Beauvais et Louise de Dargies, 1586-1598	37
Charles de Brouilly, 1599-1623	41
Charles de Brouilly, 1608-1654	45
François de Brouilly, 1654-1680.	51
César de Brouilly, 1680	55
Pulchérie de Brouilly, 1699-1708	57
Louis Prévot du Barail, 1708	57
Jacques-Charles-Louis Prévot, M¹ˢ du Barail . .	65
Antoine Le Pelletier de Liancourt, 1780-1792 .	78
Comte de Ribbing.	84
Jacques Collard, 179-1838	85
Maurice Collard, 1838-1886	92
Henri-Louis Pelletier, 1884-1897	94
Antoinette-Louise Barbier, veuve d'Henri-Louis Pelletier, 1897-1900.	94
Antoine-Maurice de Chauvenet, 1900	95
Histoire du Château	97

Soissons. — Imprimerie G. NOUGARÈDE, Place St-Gervais.

www.ingramcontent.com/pod-product-compliance
Lightning Source LLC
Chambersburg PA
CBHW070250100426
42743CB00011B/2207